행복한 동행, 사람 사는 남동
함께 가니 참 좋다

행복한 동행, 사람 사는 남동
함께 가니 참 좋다

초판	2018년 2월 7일
발행인	유시춘
저자	배진교
디자인	구정남
교정	김세라
제작	㈜에스제이씨성전

펴낸곳	바른기록
출판등록	2013년 4월 26일
주소	서울시 은평구 통일로 684 서울혁신파크 1동 303-B호
홈페이지	www.mylifestory.kr
전화번호	070-8770-5100
ISBN	979-11-950895-5-0 03300
가격	12,000원

* 이 책의 내용은 저작권법의 보호를 받는 저작물이므로 무단전재와 복제를 금합니다.
(CIP제어번호 : CIP2018003016)

행복한 **동행**, 사람 사는 **남동**

함께 가니 *참* 좋다

배진교 지음

바른기록

프롤로그

'행복도시 남동구'로 함께 가는 길

2010년 6월 2일 지방선거에서
구청장 당선 소식을 듣던 날
밤잠을 잘 수가 없었습니다.
기쁨보다는 몰려드는 무게감을
감당할 수 없었습니다.

제가 고민해 왔던 '행복도시 남동구'를
현실에서 그려간다는 것은
생각보다 쉽지 않았습니다.

소박하고 친근하게 다가서려 노력했고
깊이 듣고 선명하게 새겨 실천하려 했습니다.
많은 공무원과 주민들이
기분 좋게 함께해 주셨습니다.

그러나 아끼고 응원해 주신 많은 분들의 기대에
부응하지 못하고, 재선의 고비에서 낙마했습니다.

낙선 후, 살피지 못했던 남동구의 현안을 더 깊게 고민했고
지나쳤던 주민들의 이야기도 더 많이 들었습니다.
안타까움도 동반되었지만,
한편으로 격려와 응원 속에서
업그레이드 된 '행복도시 남동구'가 자리 잡았습니다.

행복도시 남동구를 만들어가기 위해
걸어온 나의 길,
하고자 했던 것들에 대한 나의 의지,
함께해 주셨던 분들의 마음을
다시 새기기 위해
이 책을 펴냅니다.

함께해 주신 분들께
다시 한 번 감사드립니다.

출판기념회 다음 주면
아버님이 돌아가신 지 1주기가 됩니다.

아들의 길을 열정적으로
응원하고 이끌어 주셨던
아버님의 영전에 이 책을 바칩니다.

목차

006 • '행복도시 남동구'로 함께 가는 길
202 • 함께 가는 길, 함께 가는 벗
064 • 2014년 배진교 블로그 웹툰

I. 남동구에서 배운 것들

014 • 새 희망의 징표 되어
020 • 공무원 조직을 소통과 협력의 조직으로
026 • 세 모녀의 죽음, 복지사각지대 해소를 위한 새로운 모색
034 • 풀뿌리 민주주의의 상징 주민참여예산제도의 도입
041 • 일자리가 최고의 복지다
049 • 골목까지 스며드는 복지공동체 남동구
056 • 어제의 일들이 내일을 여는 거울

II. 남동의 이웃들

076 • 남동구민 여러분, 동행복위원회를 꼭 기억해 두세요 / 양인수
084 • 배짱클럽이 좋아요 / 천재호
090 • 새터민의 삶터에는 반드시 사회가 연결돼야 합니다 / 유영주
097 • 생태복지도시, 도시농업의 메카를 꿈꾸며 / 김진덕
105 • 여든 하나, 아직 대못 하나 박혀 있습니다 / 신동식
116 • 여성친화도시로 성장하는 남동구를 희망합니다 / 구순례
124 • 커피, 쿠키, 그리고 우리 / 김영실
132 • 주민참여예산제도의 부활을 기대합니다 / 신길웅

III. 고갯길 넘어 한 걸음씩

- 142 · 달하 노피곰 도다샤 어긔야 머리곰 비취오시라
- 149 · 군인의 꿈을 접다
- 156 · 민주주의를 배운 '국립인천대학교'
- 165 · 죽음을 넘어, 시대의 아픔을 넘어
- 172 · '노동'이 아름다운 세상을 꿈꾸며
- 180 · 시민단체에서 현실정치로
- 188 · 시민주권을 향한 책임정치로!
- 195 · 네 번의 패배와 한 번의 승리, 그리고 또 한 번의 패배

추천사

- 206 · 세상과 공감하며 이웃과 소통하는 사람, 배진교 / 장건 한국지역재단협의회 이사장
- 208 · 지속가능한 주민중심의 공동체, 우리들의 꿈입니다 / 박원순 서울시장
- 210 · 우리의 삶을 바꾸는 지름길 / 이재명 성남시장
- 212 · 치열한 휴머니스트 배진교, 그의 열정을 믿습니다 / 이정미 정의당 대표
- 214 · 수도권 제일의 행복도시를 향한, 배진교의 열정을 응원합니다
  / 노회찬 정의당 원내대표
- 216 · 좋은 향기가 사방으로 퍼져 모두를 기분 좋게 합니다 / 심상정 국회의원

새 희망의 징표 되어

공무원 조직을 소통과 협력의 조직으로

세 모녀의 죽음, 복지사각지대 해소를 위한 새로운 모색

풀뿌리 민주주의의 상징 주민참여예산제도의 도입

일자리가 최고의 복지다

골목까지 스며드는 복지공동체 남동구

어제의 일들이 내일을 여는 거울

I

남동구에서
배운 것들

새 희망의
징표 되어

● 2007년 대선에서 이명박 후보가 대통령으로 당선되었다. 이어진 2008년 4월의 국회의원 선거는 한나라당 이명박 정부의 출범 2달 만에 맞는 첫 번째 평가전이기도 하였다. 이미 선거 전 여론조사에서는 한나라당의 과반 의석 확보가 예측되었다.

이러한 여론조사 결과들은 실제 선거에서도 그대로 나타났다. 통합민주당은 정동영, 김근태를 비롯한 지도부 주요 인사들의 낙선과 전체의 3분의 1에도 못 미치는 81석을 차지하는 것에 만족해야 했다. 당 분열의 내홍 속에서 민주노동당은 권영길 후보 등 2명의 지역구 의원과 비례대표의원 3명을 당선시켰다.

반면 한나라당은 과반을 넘는 153석을 차지하였고, 친박연대와 이회창의 자유선진당까지 포함하면 185석이 넘었다.

2008년의 제18대 총선은 대한민국 정규 총선거뿐 아니라 대선과 지방선거를 포함하여 가장 낮은 투표율을 보였다. 국민들은 '때리는 시어미보다 말리는 시누이'를 더 미워하는 태도를 종종 보이곤 한다. 진보정당의 분열과 노무현 정권 말기의 통합민주당의 태도에 정치혐오 내지는 염증을 느꼈을 거라는 분석이 뒤를 이었다.

　　통합민주당을 포함한 모든 야권들이 패배의식에 빠져들었다. 당시 야권에는 강력한 지도자가 없었다. 이런 기회를 빌어 이명박은 장기집권계획을 세우고 민주진보진영 인사들에게 족쇄를 채우려는 계획을 갈수록 노골화했다. 전반적으로 암울했다.

　　그러나 절망만 있었던 것은 아니었다. 당시 나는 2008년 총선에 출마해 11.7%의 득표율로 낙선을 하였는데, 선거운동을 하면서 느껴지는 시민들의 눈초리가 전과 달랐다. '새로워져라! 새로워져라!' 말하는 듯했고, 직접 "왜 4년 전, 10년 전과 똑같은 얘기만 하냐"고 나무라는 시민도 적지 않았다. '달라지면, 새로워지면 지지하겠다'는 민심의 일단을 보았달까. 무엇이 새로운 것인가 탐구하겠다는 심정으로 2009년엔 대학원에 진학해 공부를 더 하기도 했다.

　　총선을 앞두고 분열된 진보정치진영은 2010년 지방선거에 공동으로 대응하자는 논의를 인천에서 처음으로 진행하게 되었다. 민주노동당과 통합민주당, 국민참여당, 민주노총 및 인천지역 시민단체 관계자들이 모여 2010 지방선거 대응 방향을 논의할 수 있었다. 이미 인천지역에선 계양산 롯데 골프장 건설을 막기 위한 공동대응에 시민사회단체와 민주당, 민주노동당, 통합민주당, 국민참여당, 사회당까지 참여해 힘을 보탰던 경험이 있었다.

강력하게 등장한 한나라당을 대적하기 위해선 민주진보진영이 연대해야 할 당위성은 있었지만 그 당시 민주노동당에선 상상하기 어려운 과제이기도 했다. 중앙당 지도부를 설득해야 했다. 한나라당을 반대하기 위한 공통의 목표가 생긴 이상 연대할 만한 이유가 있고 그렇게 가는 것이 절망하는 국민들에게 희망을 줄 수 있는 것이 아닌가라는 인식이 범야권에 널리 확산되어 갔다. 야권의 대표주자인 민주당도 이러한 선거연대에는 참여할 수밖에 없었다. 이미 인천에서는 한나라당이 오랜기간 집권하고 있는 상황이라 시민들의 피로도도 상당했다.

당시 인천에는 송도개발바람이 불었는데, 이러한 개발행정을 끝내야 할 필요성도 대두되었다. 재개발이 예정된 지역도 200여 개가 넘어, 인천시정은 지역주민들과의 갈등을 야기하고 있었고 개발과정에서 드러나는 비리를 종식해야 했다.

이런 절박한 상황에 떠밀려, 긴 논의와 설득의 과정을 거쳐 인천에서 전국 최초로 지방선거를 위한 야권연대를 성사시킬 수 있었다. 선거연대의 대상에 시장, 구청장, 시의원을 포함하기로 하고 범야권과 시민사회를 포괄하는 협상테이블을 구성하였다.

2010년 7월 1일 배진교 구청장 취임

　새로운 실험인 야권연대는 타결이 되었다.
　2010년에 있었던 제5회 지방선거는 선거연대를 이룬 야권이 크게 이겼다. 인천에서 처음 성사시킨 야권의 선거연대는 다른 지역에서도 동일한 방식으로 적용되었다.

　민주당과 민주노동당, 국민참여당은 야권연대를 이뤄 전국 16곳 시·도지사 선거에서 10곳을 차지하고, 시장·군수·구청장·시도의원 선거에서 한나라당을 압도했다. 민주당도 수도권 66곳 중 46곳에서 이겼다.
　인천에서도 야권연대는 성공적이었다. 인천시장으로 통합민주당의 송영길 후보가 당선되었으며 동구와 남동구의 구청장, 부평과 남구의 시의원으

I. 남동구에서 배운 것들

로 국민참여당과 민주노동당 후보가 당선되었다.

어떤 선거든 쉬운 선거는 없다. 야권의 단일후보라도 상대인 한나라당과 싸우기 위해선 몇 가지 전략이 필요했다. 당시 선거에서는 낮은 정당지지율과 당의 부정적 이미지를 극복해야 했다. 더욱이 상대방은 선거 직전엔 '종북몰이' 공세로 여론을 호도하는 흑색선전을 벌이기도 하였다. 과거의 학생운동 전력이나 노동운동 전력을 들어 좌파로 매도하기도 하였다.

이런 어려움을 극복하는 방법으로, '인천대공원을 되찾은 남동일꾼'이라는 인물론과 아토피 예방법과 전염병 예방법 등 민주노동당의 민생 입법을 전면에 내세우는 전략으로 맞섰다.

이런 전략이 주효했던지 2010년 지방선거에서 인천 최연소, 최다득표율로 남동구청장에 당선되었다. 인천 동구청장으로 당선된 조택상 후보와 함께 진보정당 최초의 수도권 구청장이 된 것이다. 이명박 정부 3년차, 거듭된 민주, 민생의 퇴행을 끝내고 새 희망을 세우라는 준엄한 시민들의 선택이었고, 오랜 무관의 시절을 건너온 진보정치세력에게 그동안 꿈꾸고 다짐했던 '시민을 위한 봉사'가 무엇인지를 펼쳐 보이라는 희망의 무대가 열린 셈이었다. 최초이기 때문에 쏠린 높은 기대를 만족시키는 일과 우려를 해소시켜야 할 과제가 기다리고 있었다.

자리가 주는 무게감을 느끼면서 동시에 욕심내지 않으며 한 발, 한 발 천

천히 나아가기로 스스로 다짐했다. 비록 큰 틀에서는 변함이 없더라도 바로 '진보구청장이 되니까 변하더라, 우리가 구청장은 제대로 잘 뽑았다'는 얘기를 구민들에게 듣겠다는 욕심이었다.

난 내가 사랑하는 남동구의 구청장이 됐다. 인구 50만, 아름다운 바다와 산, 그리고 넓은 녹지를 갖고 있는 남동구는 내게 꿈과 가능성의 땅이었다. 수도권 제일의 행복도시 남동구. 남동구에 대한 내 꿈은 이렇게 구체화됐고, 행복도시를 향한 여정을 시작할 수 있었다. 그때 나를 선택해 준 남동구민들, 인천시민들을 어찌 잊을 수 있으랴.

공무원 조직을
소통과 협력의 조직으로

● 구청장으로 취임하면서 '소통과 포용'을 내걸었다. 가장 먼저, 공직사회의 권위주의를 어떻게 타파할 것인지, 두 번째로는 공직사회와 구민 간 소통을 어떻게 강화할 것인지를 고민했다.

남동구를 행복한 도시로 만드는 것이 목표였다. 남동구를 수도권에서 가장 행복한 도시로 만들기 위해 ◆소통과 화합의 참여행정 구현, ◆일자리 창출을 통한 지역경제 활성화, ◆함께 나누고 더불어 사는 복지사회 확립, ◆아이들이 건강한 혁신교육환경 조성, ◆사람과 자연이 행복한 생태문화도시 건설, ◆변화와 미래를 여는 역동적인 첨단도시 구축 등 6가지의 구정목표도 설정했다.

이 중 매 시기 가장 큰 비중을 두고 스스로 평가하며 역점을 둔 것은 '함께 나누고 더불어 사는 복지사회 확립'을 남동구 지역 사회에 구현하는 것이었다.

행정을 맡아 일하기 전 경험한 많은 경우, 공무원들이 법적 근거만을 가지고 민원인을 주로 상대하는 것을 볼 수 있었다. 최대한 가능한 방법을 찾아 보고, 다른 대안을 제시해 보고, 안 되는 일이라도 끝까지 경청해서 민원인을 다독이는 것이 적극적 행정의 방법일 것이다. 민원인 입장에서, 시민의 입장에서 고민하면 새로운 방안을 찾을 수 있을 것이다. 또, 그런 기대를 갖고 민원인도 행정기관의 문을 두드리는 게 아니던가.

그런데, 내가 보고 느낀 공무원 세계의 문제점은 '칸막이 조직 문화'라고 생각한다. 본인의 업무 외에는 전혀 관여하지 않는 막힌 상태에서 의례적인 행정을 펼치고 시민들의 요구에 귀를 닫으니 '소통 부재'는 말할 필요도 없다. 책상 위 행정보다는 시민의 어려운 점을 제대로 잘 파악할 수 있는 현장에서의 연구가 더 필요한 것이다

책상머리를 떠나 현장을 살피고 시민 삶의 현실을 돌보는 공직사회 기풍을 만드는 것, 그 일에 진력했다. 지방자치시대에 걸맞게 공무원 조직이 내부 혁신을 통해서 조금 더 미래지향적인 조직, 협력조직으로 거듭나도록 하기 위해서 내 나름 분투했다고 자부한다.

취임을 하고 얼마 지나지 않아 만수동 신한아파트의 입주자대표회장님의 하소연을 들을 수 있었다. 300세대가 거주하는 작은 규모의 아파트 단지로, 그 아파트의 경로당은 여느 경로당처럼 할아버지 방과 할머니 방으로 나뉘어 있는데, 지대가 높아서 축대 위에 있었다. 그런데 어느 날부터 할아버지 방 쪽의 지반이 침하하며 무너져가고 있다는 것이었다. 그것을 철거해야 하는데 부득이 임시로 기둥 하나만 받쳐놓고 있다며 해결을 청원하는 것

이었다.

내가 재임하기 전부터 신한아파트 측에서는 구청에 민원을 제기하고 있었지만 해결이 되지 않았던 일이었다. 관련 부서를 통해 이유를 들어 보니 단일한 사건임에도 너무 많은 부서에 사안이 걸쳐 있으면서 각 부서가 서로 미루며 시간만 끌어온 것이다.

구청 입장에서 적극적으로 개입하여 지원하려면 재난시설로 재난등급을 받아야 하는데, 그게 불가능했다. 위험시설이긴 한데 재난시설은 아니었던 것이다. 요즘엔 아파트가 노후화되면 각 해당 지방자치단체마다 공동주택을 지원하는 조례가 있는데 공동주택마다 5년 단위로 2~5천만 원 정도 지원하는 것이 보편적이다. 그것도 총액의 50%를 매칭 지원하는 방식이다. 즉, 구에서 지원을 하더라도 반 이상 지원을 할 수 없게끔 조례가 되어 있었다.

경로당을 철거하고 새롭게 시설을 하려면 몇 천만 원의 비용이 들어가야 하지만 상하수도의 노후 등으로 이미 지원된 사항이 있어서 구 지원 예산도 여유가 없는 실정이었다. 그렇다면 아파트 단지 자체적으로 장기수선충당금 등의 집행을 통해 해결해야 하는데, 주민들의 입장에서는 경로당 보수가 우선순위가 아니었다.
구 예산으로 지원하기도 어렵고 아파트 주민입장에서도 전체가 사용하는 것이 아니라서 지출하기가 어려운 상황에서 몇 년 동안 구청에 계속 민원만 제기할 뿐 해결되지 않던 고질적인 문제였다.

찾아가는 이동 구청장실

경로당 관련하여 노인지원사업으로 시설비를 구에서 지원하더라도 100만 원 안팎의 금액을 지원할 수 있었다. 노인정의 벽지나 씽크대 정도를 개보수할 정도의 금액에 불과한 것이다. 건축과와 재난안전과, 노인장애인과의 세 과에 걸쳐진 문제라 재난안전과를 가서 민원을 제기하면 소관이 아니라는 답변을 하고 노인장애인과는 재난시설이 아니라는 이유로 지원을 할 수 없다고 한다.

구청의 어느 한 과에서만 지원하려 나서서 해결할 수는 없는 문제라고 생각했다. 해결책을 찾기 위해 관련된 세 과의 담당 직원들을 모았다. 재난안전과는 재난과 관련한 철거예산을, 건축과는 보수예산을, 노인장애인과는 내부인테리어 관련한 시설비를 지원하는 식으로 각 해당 부서에 맞는 예산을 최대한 확보할 수 있도록 의견을 모았다. 세 과가 독자적이긴 하지만 자기 사업으로 충분히 해결할 수 있는 사업이었음에도 불구하고 서로간의 협력부족으로 인해 주민들의 민원을 몇 년 동안 방치하고 있었던 것이다.

이렇게 결정이 나자 바로 옆의 건물을 헐어내어 신축을 하고 내부 시설 보수비를 해결해 줄 수 있었다. 이 문제가 해결되자 주민들의 환호가 대단했다. 지금까지 어느 누구도 하지 못한 일이었다.

비슷하게 만부마을 경로당 건도 처리할 수 있었다. 만수2동 만부마을 경로당은 그린벨트 위에 지어진 불법시설로 그것도 동네 어르신들이 땅주인의 허락 하에 허름하게 불법시설로 지어 공식적인 지원을 받을 수 없었다. 그것도 그린벨트지역의 땅을 남동구에서 매입을 하고 시설비에 대한 지원을 국비로 할 수 있게 하였다.

남동구 인구가 50만 명을 넘어서면서 행정과 복지에 대한 주민의 민원이 천정부지로 늘어났다. 이러한 수요를 만족하기 위해서는 인력증원이나 비용을 투입해야 하는 문제에 다다른다. 적정한 수준의 행정수요와 복지수요를 어떤 식으로 감당할 수 있을지를 고민하였다.

공무원들과 많은 대화를 나눴다. 그러나 대화의 끝은 대부분 진급이나 인사 이야기로 귀결되곤 하였다. 그것이 나쁜 것이 아니라 현실이기 때문이다. 계급조직이다 보니 당연 그럴 수 있다. 하지만 정작 중요한 것은 조직의 생동감인데 그걸 찾기란 쉽지 않았다. 대부분 성공한 지자체를 보면 일에 있어 생동감이 넘친다. 나는 그 생동감 있는 요소들을 찾아내는 것이 참 중요하다고 생각한다. 그것을 통해 내부 동력을 찾고 시민을 위한 해결방안을 모아야 한다.

보통의 공무원 조직에서는 총무국이나 행정지원국이 제1국, 건설교통국이 제2국, 주민생활국이 제3국으로 인식되고 있다. 복지 관련 부서가 3국이다 보니 사회복지를 담당하는 직원들이 소수직렬이라는 인식 속에서 타 부서의 위세에 눌려 위축되어 지시나 받고 일하는 수준에 머물러 있었다. 복지는 사회의 전 영역에 걸쳐 있는 문제임에도 그 동안 복지국에서만 복지문제를 해결해야 한다는 인식도 많았다.

이런 공직사회 현실을 살피고 혁신하기 위해 구청장 취임과 동시에 주민생활국을 제1국으로 바꿨다. 이를 통해서 공무원들 간의 내부적인 경쟁을 유도하여 좋은 인재들이 모여들고 복지문제에 대한 관심을 1순위로 갖게 하였다.

인사원칙을 잘 세우고, 어떤 부서에 있든지 최선을 다하는 사람에게는 승진의 기회가 열려 있다는 것을 보여주는 게 필요했다. 국장 승진 대상자 다섯 명을 동장으로 발령하기도 하였다. 과감한 조치였지만 실질적으로 다섯 개 동이 굉장히 많이 발전하는 계기가 되었다.

이렇게 공직사회의 관행을 바꾸면서 공무원들이 주민복지문제에 대한 관심을 높일 수 있도록 할 수 있었다.

세 모녀의 죽음, 복지사각지대 해소를 위한 새로운 모색

병원에서 온 편지

취임 후 얼마 되지 않아 편지 한 통이 구청장실로 배달됐다.

대장암 수술을 하고 입원 중인데 진료비 때문에 퇴원하지 못하고 있다는 내용이었다. 구청에서 지원할 수 있는 방법은 '긴급지원' 뿐이었는데, 상한선이 정해져 있어 나머지 부족한 금액이 문제였다. 이때 도움을 준 곳은 바로 구청 직원들이 매달 급여의 일부를 기부하는 '1% 사랑나눔회'였다.

복지는 국가와 지방정부가 나서서 해결해야 한다.

우리가 복지국가를 만들고자 하는 것은 이런 이유일 것이다. 주민복지를 확대하면서도 현 지방정부의 재정 여건상 발생할 수밖에 없는 복지사각지대를 해소하는 것은 임기 내내 중요한 과제였다 그래서 고민한 것이 지역주민들과 함께 만들어가는 복지였다.

이를 위해 동마다 '복지위원회'를 만들고, 더 나아가 지역재단인 '남동이행복한지역재단'을 창립했다.

- 2013년 '구청장 일기' 중

구청장으로 2년차인 2011년의 구정 최우선 순위는 '복지전달체계 구축'이었다.

2010년부터 사회복지통합서비스망이 만들어졌지만 활용이 잘 안 되고 있었다. 사회복지통합서비스망으로 정보를 공유한다고 해서 복지문제가 해결될 수 있는 것은 아니다. 행정기관의 살핌과 돌봄을 기다리는 주민은 넘쳐나는데, 그저 행정편의주의적인 발상으로, 무언가를 하고 있다는 정도를 보여주는 것에 불과했다.

여러 가지 고민 끝에 내린 결론이 동마다 있는 주민센터를 활용해 보자는 것이었다. 복지사각지대에 있는 사람들이 있으니 그들이 있는 곳에 찾아가는 방문 상담을 하는 것이 필요하다는 입장이었다. 물론 동에 있는 주민센터는 인력 부족에 시달렸다. 실질적으로는 사회복지직렬에 있는 한두 명이 모든 업무를 맡아야 했다.

업무현실은 이렇듯 참담했으나 찾아가는 방문 상담이 꼭 필요하다는 생각은 더욱 간절해졌다. 전체 사회직 공무원 54명을 만나 간담회를 열어 찾아가는 방문 상담을 하자고 설득했다. 이를 통해 어떤 게 문제인지, 그리고 어떤 점을 보완해야 하는지 찾아보고자 했다. 한 달 정도 시범운영을 해본 결과, 계속 진행할 수 있고 또 해야겠다는 생각이 들었다.

남동구는 공무원 1인당 주민수가 전국에서 두 번째로 많다. 서울의 경우 주민수 20만 명 정도 자치구에 공무원이 1천 명이 넘는데, 남동구는 50만이 넘었는데도 9백 명 수준에 머물고 있었다.

공무원노조에서도 8천여 세대가 기초생활수급자이고, 한부모, 독거노인, 장애인 등 복지수혜대상자만 5만4천 명이 되는 상황에서 주민센터의 복지직렬의 분들이 이 모든 인원을 다 방문하는 것엔 무리가 있다는 부정적인 입장을 밝히기도 했다.

하지만 나는 복지사각지대에 있는 분들을 위해 꼭 하자는 입장을 고수했다. 동주민센터까지 찾아오지 못하는 진짜 힘드신 분들에 대한 관리가 필요했다. 그래서 딱 1년만 해보자고 제안했다.

어찌됐든 많은 어려움 속에서도 방문 상담을 진행하면서, 공무원들이 직접 현장을 파악하고 이에 맞는 정책을 만들어낼 수 있었다. 주민생활국 안에 희망복지지원과를 만드는 것도 현장방문을 통해 얻은 정책이었다.

하지만 이런 복지지원 시스템을 가동해도 복지사각지대를 돌보는 건 한계가 있다는 생각이 들었다. 같은 동네에 사는 가장 가까운 이웃이 상황을 가장 먼저 알 수 있지 않을까 하는 생각이 들어 이를 체계화하여 2012년 동복지위원회를 만들게 되었다.

동복지위원회

동복지위원회는 민관이 함께하는 복지협의체라고 말할 수 있다. 동복지위원회는 각 동에서 15명 이내의 주민들을 위원으로 위촉하여 처음에는 19개동 241명으로 구성하였다. 서류상으로 포착이 안 되는 복지사각지대에 있는 소외계층과 긴급지원이 필요한 사람들을 직접 찾아내고 만나서 도와주는 일을 하는 것이 목적이었다. 주민들을 복지위원으로 위촉한 이유도 이웃의 생활을 가장 잘 아는 사람이 바로 인근의 이웃이라는 생각 때

문이었다.

　　동복지위원회에 공무원들과 함께 힘을 모으기 위해 급여의 우수리를 모아 사랑나눔회를 통해 지역사회를 위해 기부하는 것을 전 직원 대상으로 제안했다. 1만 원 혹은 2만 원씩 모아서 매달 800만 원 정도의 기금을 모았다. 동에서도 동복지위원회를 통해 기금을 모아서 자체적으로 복지사각지대에 있는 사람들에게 지원하는 사업을 같이 진행하며 호응했다.

　　남동구청 동복지위원회는 동네 구석구석을 찾아다니며 복지사각지대의 주민을 찾는 '복지 탐정'이라는 평가도 받았다. 이들이 찾아낸 복지사각지대 주민은 어려운 생활을 하면서도 기초생활수급 대상자가 못 되는 사람 등이 대상이었다. 2014년 송파 세 모녀 사건처럼 실제로는 어려운 삶을 살면서도 절차상으로 고립되어 지원대상에 포함되지 못하고 있는 복지사각지대에 놓인 사람들인 것이다.

복지사각지대에 있는 분들에게는 금전적인 지원도 필요하지만 지속적인 방문을 통한 관계형성이 더 중요하다. 그 분들이 사회와 단절되어 있지 않다는 것을 확인시켜드리는 일이기도 하다. 동복지위원회는 일자리를 알선하고 회원들이 반찬을 만들어 이웃에게 전달하는 일도 있었다.

동복지위원회는 매월 동마다 주민들의 소액기부를 통해 최소 70~80만 원, 많으면 200만 원 이상을 모아 지역위원들의 회의를 거쳐 한 달에 다섯 가정 정도 지원 대상을 선정해 6개월 동안 50만 원 정도 지원한다. 경우에 따라서는 기간을 연장하기도 한다. 기부자들 중에는 거액을 기부하는 이는 소수이고 매월 5천~1만 원 정도를 기부하는 소액 정기 기부자가 대다수다. 지역주민의 힘으로 지역사회안전망을 구축하고 있는 셈이다.

동복지위원회를 구성하면서 많은 어려움이 있었다. 지금도 자선사업을 하고 있는 단체가 많은데 별도의 조직이 필요하냐는 반응도 있었다. 구 의회에서도 반대가 있었다. 구청장의 사조직을 만든다는 오해도 있었다.

그래도 계획대로 추진할 수 있었던 건 이렇게 이견을 낸 분들을 포함해서 모두가 힘을 모은 덕분이었다. 그렇게 구청에서 지원할 수 있는 건 법률적인 범위 안에서 최대한 지원해주고, 그 외의 것들을 민관복지협의체인 동복지위원회에서 담당하게 하는 체계가 만들어질 수 있었다. 그렇게 동복지위원회는 지금껏 동 자체 판단에 의거해 법적으로 복지사각지대에 있는 많은

재단창립

분들을 긴급 구호하는 역할을 하고 있다.

지난 2012년 7월부터 시작된 기부액 모금에는 연말까지 주민 2천483명이 동참해 8억1천48만 원을 모았다. 정기후원자 1천787명이 7천450만4천 원을 만들었다. 덕분에 1만4천742가구가 위기상황을 극복할 수 있었다. 2013년에도 주민 2천718명이 7억9천483만1천 원을 모아 불우이웃 1만7천737가구에 온정의 손길을 보냈다.

그 결과 보건복지부가 실시한 창의적 복지전달체계 평가에서 전국 지자체 중 우수상을 수상했다. 이런 동복지위원회가 밑거름이 되어 남동이행복한지역재단을 창립하는 바탕이 되었다.

2013년, 지역사회 각계각층의 96명의 인사가 발기인이 되어 남동이행복한지역재단 창립총회를 가졌다. 동복지위원회의 역할이 복지사각지대를 단순 지원하는 사업이라면, 남동이행복한지역재단은 기업과 주민의 참여와 나눔을 이끌어내 주민들이 자발적으로 기부한 돈으로 특별기금을 만들어 공익 단체에 배분하고 사회적 취약계층의 자립기반을 만들어 삶의 질 향상에 기여하고 있다.

풀뿌리 민주주의의 상징
주민참여예산제도의 도입

통장 부부의 눈물, 그리고 우공이산

1년 전 만수동 한 뒷골목을 찾았다. 10년이 넘게 쌓인 쓰레기더미, 벌레와 모기가 득실거리는 화단, 폐쇄된 공동화장실까지, 구청에서 당장 해결해야 할 문제가 있어 민원이 처리되지 않고 있었다.

그리고 두 달 전 다시 찾은 그 골목은 잘 조성된 화단과 말끔한 아스콘 포장으로 달라져 있었다. 이제 골목에서 아이들이 공차기를 할 수도 있을 만큼 깔끔하게 변해 있었다.

인근 모든 주민이 좋아하는 가운데, 그 뒤로 통장님 부부가 눈시울을 적시고 있었다.

주민참여예산지역회의 위원이기도 한 그 통장님은 이 사안을 안건으로 올리고, 인근 주민들의 동의서를 받으면서까지 적극적으로 이 일을 해결하기 위해 노력했다. 주민참여예산제도가 어떻게 동네를 바꿀 수 있는지, 그 안에서 주민들의 역할이 무엇인지 보여주는 대표적 사례였다.

많이 알려진 고사성어 중 '우공이산'이란 말이 있다. 열자(列子), 탕문편(湯問篇)에 나오는 이야기로, 난관을 두려워하지 않고 굳센 의지를 가지고 노력하면 결국 성공할 수 있다는 뜻이 담겨 있다.

우공으로 표현되는 노인은 대를 이어서라도 왜 산을 옮기려 했을까. 이유는 세상과 소통하려는 절실함에서 비롯됐다. 세상과 소통하기 위해 높이가 만 길이나 되는 태항산을 평평하게 만들어 길을 놓으려 했던 것이다. 나는 주민참여예산제도를 통해 주민들과 소통하면서 주민들에게 권력을 돌려주기 위해 꾸준히 노력할 것이다.

- 2013년 '구청장 일기' 중

2010년 남동구는 예산 편성과정에서부터 주민참여를 보장하고 재정의 투명성을 확보하기 위해 추진 중인 주민참여예산제의 조례제정을 통해 주민참여예산제를 도입하였다. 아울러, 구청 홈페이지의 예산낭비 신고센터와 주민참여예산방을 확대 개편하고 주민참여예산제의 전반적인 사항을 공개하고 주민의견을 수렴하였다. 오랜 시민운동 기간 동안 주민참여예산제의 도입은 시민의 의지를 모으는 주된 의제 중 하나이기도 했다.

지역주민과 시민사회 그리고 각계각층의 의견들을 수렴할 수 있는 창구를 만들고 그렇게 생산된 정책들을 행정에 잘 반영하고 실천하는 것이 중요하다고 생각한 것이다.

주민참여예산제도는 종래 지방자치단체가 독점적으로 행사해 왔던 예산편성 과정에 지역주민들이 직접 참여하는 제도이다. 주민들의 의견을 예산에 반영함으로써 기존의 행정기관 중심의 예산 편성 과정의 문제점을 보완하고 시민이 참여해 의견을 제시함으로써 재정운영의 효율성, 투명성, 건전성을 높여 지방자치와 참여민주주의를 발전시키는 데 목적이 있다. 특히 2010년 지방선거 이후 새롭게 지방정부가 구성되면서 전국적으로 활발하게 진행되고 있다.

지방정부의 예산편성과정에 지역주민이 참여하여 지역주민의 자치의식은 물론 지방정부와 주민, 시민단체 간 협업체제의 구축에도 기여한다.

주민참여예산제도는 2003년에 광주광역시 북구가 제도를 도입하여 처음으로 운영하기 시작했으며, 2004년에는 울산광역시 동구에서도 도입하였다. 법률에 명시되기 이전부터 일부 지방자치단체에서 자체적으로 운영되었다. 이후, 2005년 '지방자치법' 개정에서 주민참여예산제도가 명시되면서 전국적으로 확대되었다.

제1회 주민참여예산제연구회 회의

　　예산 편성의 투명성과 민주성을 확보할 수 있는 참여민주주의 또는 직접민주주의의 대표적 수단이라 말할 수 있다. 이런 과정을 통해 지역주민은 지역행정과정에 대한 정보를 청취할 수 있으며, 예산상 사업 우선순위를 조정하여 소규모 마을 만들기 사업이나 명소 만들기 사업 등을 제안할 수 있다.

　　이러한 주민참여예산제도의 시행에는 주민의 적극적인 참여가 필수요건이라 할 수 있다. 지역주민의 자율적인 참여로 모아진 의견이 예산 편성 과정에 반영됨으로써 지역의 현안에 대한 주민의 관심도를 높이고 지역이 직면한 현안에 대하여 우선순위를 결정하며 구정에 직접 참여한다는 주인 의식을 갖게 되는 것이다.

이로써 주민들로 하여금 지역문제를 이해하고 지역의 현안들을 자신의 문제로 인식하게 만들 수 있다. 또 구청 입장에서는 지역주민의 입장에서 지역문제를 바라볼 수 있다. 주민들이 생활 속에서 느끼는 문제점을 행정에 반영할 수 있는 통로가 되기도 한다. 또 주민들은 이를 통해서 행정을 감시하고, 예산이 효율적으로 집행되는 방안을 고민하게 될 것이다. 결국 지방자치를 원활하게 만드는 소통의 통로로 기능할 것이다.

물론 이러한 주민참여예산제도가 원래의 목적을 달성하기 위해서는 주민의 적극적인 참여가 필수적이다. 주민들이 여기에 참여하면서 훈련하고 성장할 수 있으며 지역에 대해 좀 더 많은 관심을 가질 수 있다.

문제는 어떤 방법으로 주민참여예산제도에 지역주민들을 참가시킬지에 대한 고민이었다.

그래서 제도를 시행하기에 앞서서 주민참여예산제도에 대하여 주민들에게 알리기 위해 주민참여예산제연구회라는 기구를 민관 합동으로 구성하고, 민간에게 인적 구성과 운영 등 주요 권한을 부여하였다. 구청에 4명의 전문연구위원을 두고 주민참여예산제도를 적극 지원하도록 한 것이다.

동마다 10여 명의 위원회로 구성된 동별 지역위원회를 만들었다. 동위원들은 현장의 의견을 수렴하고 안건의 타당성 여부를 현장에서 확인하여 의제로 선정하는 역할을 하게 된다.

　모인 의제들은 마을마다 한바탕 축제와도 같은 주민총회 안건으로 상정되어 주민들의 토론을 거쳐서 각 동별로 3개 정도의 안건이 제안된다. 이렇게 모이면 남동구에서만도 일 년에 약 50~60개 정도의 주민안건이 제안되어 집행되는 것이다. 이런 일련의 과정은 풀뿌리 민주주의의 작동을 보여주는 것으로서 시민들에게는 참여민주주의의 살아있는 교육의 장이 된다. 2011년 주민참여예산제 활동을 통해 총 103건, 165억 원이 2012년 본예산에 반영됐다.

　이러한 활동들을 인정받아 2011년 남동구는 전국 기초단체장 매니페스토 활동분야 최우수상을 수상했다.

　2013년 여름에는 청소년 40명을 대상으로 제1회 청소년 참여예산 학교도 운영하였다. 주민참여예산제의 일환으로 청소년 눈높이에 맞는 교육을 진행, 구정과 지역문제에 대한 관심을 제고하고 직접적인 정책 제안으로 남동구 예산운영에 참여할 기회를 제공하기 위해 마련됐다. 첫 시도였으나 참여 학생들의 관심이 높고 토론의 내용도 수준급이어서 많이 놀랐다. 청소년 제안 사업들은 남동구 주민참여예산위원회 정식 안건으로 상정돼 심의를 거쳐 2014년 예산에 반영할 수 있었다.

남동구는 주민들의 최대 관심사인 예산편성과정에 주민참여를 보장하고 투명성을 확보하기 위해 주민참여예산제를 시행해 커다란 성과를 거둘 수 있었다. 주민참여예산제의 성공에 힘입어 2013년에는 또한 '50만 구민의 행복을 디자인하자'라는 슬로건으로 제1회 구민창안대회를 개최하는 등 지역주민들의 구정참여 기회를 확대했다.

예산편성 과정에 주민참여를 보장해 중점투자 및 쟁점사업에 대한 각계각층의 다양한 의견을 수렴하고, 재정운영의 건전화 및 투명성과 공정성을 높이는 주민참여예산제도는 앞으로도 지속적으로 발전되어야 할 것으로 생각한다.

일자리가 최고의 복지다

나는 학창시절 상을 많이 받지 못했다. 그런데 구청장으로 재임하는 3년 6개월 동안 평생 받고도 남을 만큼의 상을 받았다. 내가 받았다기보다 남동구가 받았다고 하는 것이 정확한 표현일 것이다. 지금 와서 헤아려보니 여러 부분에서 대통령이나 장관 등 각급 기관으로 부터 받은 표창이 100여 개에 달한다. 그중에서도 단연 돋보이는 것은 20여 개에 달하는 일자리 분야이다. 나는 일자리가 최고의 복지라고 생각한다. 함께해준 남동구청 공직자들에게 감사드린다.

남동구에는 남동공단 소재 기업체를 포함해 기업체가 7,000여 개 있는데. 재임 기간 중 몇 차례 무역사절단 단장으로 기업인들과 해외시장 개척에 나섰다. 구청장이 단장으로 가야 해당 국가나 지방의 무역 관계부처에서 공신력을 인정해 무역상담회를 열어준다고 하니, 해외시장 개척을 원하는 기업체 입장에서는 중요한 지원 정책이다. 무역사절단으로 다녀온 후 무역 계약 실적이 예년보다 훨씬 큰 규모로 체결되는 것을 보면 뿌듯해진다.

- 2013년 '구청장 일기' 중

구청장에 취임하자마자 '일자리 창출'을 민선5기 최대의 역점과제로 선정하고 일자리 전담부서를 신설했다. 공무원 정원에 한계가 있어 일자리와 함께 수요가 많은 교육을 함께 묶어, 그 두 개만 전담하는 전략사업추진단을 만들어 남동구 관련 일자리 컨트롤타워의 역할을 부여하고 일자리와 관련된 정책 판단, 사업집행 등을 모두 관장하도록 하였다.

취임하면서 구청 1층에 전국 최초 일자리 전문카페인 '일-드림'을 만들었다. 구직자들이 부담 없이 카페에 와서 차도 마시고 일자리에 대한 상담도 받을 수 있도록 하고 전문적인 상담을 위해 전문가가 필요하다는 생각에 노무사와 취업상담사를 채용하였다. 카페에는 틈새에 있는 일자리 정보를 구직자에게 제공하기 위해서 사회적기업 홍보관도 운영하였다. 이를 통해 공공부문과 민간부문 일자리를 연결, 1만4천여 건의 취업상담 실적과 2천201명 취업 알선이라는 성과를 쌓았다.

일드림 개소식장면

또한 남동구 관내에 권역별로 7개의 일자리센터를 만들었는데 일자리를 찾는 사람은 누구나 가까운 곳에서 취업정보를 확인할 수 있도록 '찾아가는 서비스'를 한 것이다. 지역대학과의 '커플링 사업'을 통해 청년층의 구직활동을 돕고 직업훈련 알선 등의 사업을 일상적으로 수행하도록 했다.

10억 원을 일자리사업에 투자해 민선5기 1년 동안 12개 분야 64개 사업을 추진, 공공부문 일자리 5천819개를 창출했다. 그 결과 2011년 8월에는 고용노동부가 주최한 지역 브랜드일자리사업 경진대회에서 '남동산단 성장동력 활성화 청년 커플링사업'으로 '지역맞춤형일자리 지원 사업 부문 우수상'을 수상해 4억5천만 원의 재정인센티브를 받을 수 있었다.

I. 남동구에서 배운 것들

2012년에 들어서는 '찾아가는 고용상담' 제도를 만들었다. 회사에 구직자를 직접 데리고 가는 것이다. '당신이 여기서 이런 일을 하게 될 것'이라고 직접 보여주고 현장에서 구직자와 회사를 연결하였다. 채용률이 당연히 올라갈 수밖에 없었다.

특별히 남동구는 청년일자리 사업에 중점을 두고 남동인더스파크와 인천상공회의소 그리고 인천고용노동지원센터를 비롯한 남동구 관내 기업 228개 업체에 '구민채용 인센티브제'를 적용함으로써 377명의 고용창출 성과를 거두었다. 대한상공회의소 인천인력개발원과 컨소시엄으로 '남동인더스파크 파워업 일자리 사업'을 추진해 230명의 고용을 창출하였다.

또한 구인을 원하는 회사가 직접 채용설명회를 열도록 하여 구에서 구직자를 초청하는 방식으로 일자리 연결사업도 진행하였다. 회사 대표가 직접 회사소개를 하도록 하여 구직자에게 신뢰감을 주는 입사가 가능하도록 한 것이다.

그 결과 2012년 초에 9천 개의 일자리 창출 목표를 설정했는데, 이런 다양한 노력 덕분에 8백 개의 일자리를 더 만들 수 있었다. 연말까지 총 9천 8백 개의 일자리를 창출하여 109.3%의 성과를 거두었다. 덕분에 남동구는 2012년에는 지역브랜드경진대회 사회적기업 부문 최우수상을 수상해 2년 연속 본상 수상 기록을 세웠다. 지역 일자리 목표 공시제 정부합동평가 최우수 기관으로 선정되기도 하였다. 또 '목표 공시제'와 '일자리 종합대책 추진실적 정부 합동평가'에서는 전국 최우수기관으로 선정돼 재정인센티브 1억2천만 원을 지원받을 수 있었다.

일자리 질 개선 문제도 소홀할 수 없었다. 구청이 앞장선 신규 일자리들이 공공형 일자리와 저임금 일자리가 상당수를 차지한다는 점이 아쉬움으로 남았다. 평균 임금 수준의, 지속적이고 안정적인 일자리를 만들기 위해 다양한 방안을 모색하게 되었는데, 사회적기업에서의 일자리 창출이 대안의 하나로 검토되었다. 남동구도 그 동안 25개의 사회적기업을 육성했다.

2013년에는 본격적으로 협동조합을 지원하기 위해 협동조합 아카데미 강좌를 5회 개최했다. 지역특성을 살린 사회적기업 · 마을기업을 발굴하고 육성하는 사업도 진행하였다.

취업 취약계층을 위한 고용서비스도 시급했다. 노인일자리의 경우 어르신들의 공동 작업장을 구청에서 2개 운영하여 각 작업장마다 약 40명의 어르신들의 일자리를 만들어 드렸다. 그리고 일반 경로당에 계신 어르신들은 관내에 있는 공원 미화 작업을 할 수 있게 하였다. 작은 공원이라면 어르신들만의 힘으로도 얼마든지 공원 미화가 가능하다. 그래서 대한노인회 남동구지회와 협약을 맺어서 경로당에 계신 어르신들의 일자리를 창출했다. 이런 일로 남동구는 2012년 노인 일자리사업 평가대회에서도 최우수 지자체로 선정돼 보건복지부장관상을 수상했다.

2013년에는 구청 내에 중·고등학생들의 진로탐색 및 직업체험을 위한 시 교육청의 제안과 지원으로 '남동구 진로체험지원센터'를 인천지역에서 처음으로 설립하기도 하였다.

비정규직의 고용안정, 근로조건 개선을 위한 노력도 발등에 떨어진 불이었다. 2007년 시행된 '비정규직 보호법안'이 오히려 비정규직을 양산하는 법이 될 것이라는 우려가 있었다. '기간제 근로자를 2년을 초과해 고용할 수 없다'는 조항으로 인해 2년을 초과한 사람들은 계약이 더 이상 연장될 수 없었는데, 남동구청도 예외가 아니었다.

비정규직 문제 해결은 일회성 사업이 아닌 노동의 존엄성을 기반으로 한 지속적 사업이 되어야 한다는 믿음으로, 공공기관 비정규직 문제의 근본적인 해결을 가로막고 있는 총액 인건비제와 정원제 문제 해결을 위해 노력하였다.

공공기관에서부터 이런 비정규직 문제를 해소하기 위하여 구청장 취임 이후 기간제 근로자들과 간담회를 진행하고, 외부 기관에 의뢰해 실태도 조사했다. 직무를 분석해 상시업무에 해당하면 무기계약직으로 전환하기도 했다.

그 결과, 2012년과 2013년에 걸쳐 구청에 근무하던 기간제 근로자 36명을 무기계약직으로, 산하 공기업인 도시관리공단 비정규직 132명을 정규직으로 전환하고 2013년 호봉제까지 도입했다. 주차관리, 환경미화, 게시대 게첩원, 사무원, 체육지도 등 비정규직 노동자들에 대해 일반직 정규직과 함께 호봉제를 도입한 것은 전국 최초의 일이었다. 현장직을 무기계약직이 아닌 일반직 정규직으로 전환한 첫 사례였다. 또한 기간제 근로자들에게도 복지포인트와 명절 상여금, 급식비를 지급하고 연월차와 보건휴가 등을 보장해 차별적 요소를 해소했다.

이 같은 성과를 바탕으로 남동구는 지난 2010년부터 2014년까지 인천시 군·구 행정실적 종합평가에서 4년 연속 최우수기관으로 선정될 수 있었다.

이렇게 '일자리가 최고의 복지'라는 취임 시의 목표에 맞춰 인천 지자체

중 최대 규모로 비정규직의 정규직 전환을 실시하였으며, 노인일자리 창출, 사회적기업 육성, 남동공단과 관내기업 구민채용 인센티브제 도입 등 일자리와 지역경제를 위해 구청장 재임시절 성과를 낼 수 있었다.

골목까지 스며드는 복지공동체 남동구

● 구청장으로 있으면서 '일 잘하는 구청장'이라는 칭찬을 많이 받았다. 특히 육아, 보육 지원 행정에 힘을 쏟았고 주민과 지역언론들로부터 높은 평가를 받았다. 임기 동안 구립 어린이집 확충, 산모·신생아 도우미 지원 확대, 영유아 국가필수 예방 접종 확대 실시, 치과아동주치의제도 도입 등 '아이 키우기 좋은 남동구'를 위해 온 힘을 다했다. 그리고 복지사각 지대 해소를 위한 동복지위원회 설치, 65세 이상 어르신들을 대상으로 동네병의원 무상독감 예방접종 실시, 방문건강관리사업 등을 실시하면서 '골목까지 스며드는 복지공동체 남동구'를 만들어 왔다.

취임 2년차인 2011년, 논현종합사회복지관을 개관하면서 지역주민에게 전문적이고 체계적인 종합사회복지서비스 제공에 나섰다. 2012년 4월에는 최신 의료장비와 시설을 대폭 확충한 보건소 신청사를 개청했다.

남동구를 행복한 도시로 만들기 위해 무엇보다도 '부모가 아이 키우기 좋은 곳'이 되어야 한다는 생각으로 보육시설에 대해 개선해 나가기 시작했다.

국공립 어린이집은 민간 보육시설보다 신뢰도가 높아 학부모들이 선호하는 경향이 있다. 일반적으로 국공립 어린이집 1곳을 개원하는 데 보통 20억 원 이상의 비용이 소요된다.

전국 최초로 아파트단지의 입주자대표회의와 계약을 체결해서 아파트단지 내 공동시설에 국공립 어린이집을 설치함으로써 건축비를 아끼고 시설 투자비만 들여서 재정을 아끼기도 했다. 그리고 전국경제인연합회에서 10억 원을 지원 받아 두 곳의 어린이집을 개원하였다.

이렇게 19개 국·공립 보육시설을 확보해 1천여 명의 영유아를 보육할 수 있는 인프라도 갖출 수 있었다.

장애아동 특수보육에서도 성취가 적지 않았다. '단비 어린이집'은 장애아 전문 어린이집으로 인천에 몇 안 되는 장애아전담 어린이집이다. 이 어린이집의 개설로 제대로 된 특수교육을 받을 수 없었던 장애아와 그 학부모들에게 큰 희망을 줄 수 있었다.

이런 성과를 통해 보육시설 환경개선, 공공베이비시터 운영, 보육과정 다양화사업 시범운영 등으로 '보육행정 분야 전국 최우수'로 대통령 표창을 받았다.

2011년부터 12세 이하 영유아 2만5천여 명에 대해 그동안 보건소에서만 무료로 국가필수예방접종을 실시해 오던 것을 일반 병·의원에서도 무상으로 예방접종이 가능하도록 하였다. 이 사업은 남동구가 인천시에서 가장 먼저 실시해서 현재 인천시 전역으로 확대되었다.

한 발 더 나가서 유럽의 주치의 제도에서 착안해, 아동 주치의 제도를 실현하고자 사업을 구상했는데, 예산과 법적인 제약으로 전체 어린이를 대상으로 하지는 못했지만 저소득층 어린이 500명을 대상으로 해당 아동의 구강검진, 예방관리와 치료서비스를 지원해 실질적인 구강관리 체계 구축을 지원하기 위한 '아동 치과 주치의 사업'도 시행할 수 있었다. 개인별 치과의원을 연계해 구강검진을 실시한 뒤 구강상태에 따라 예방관리와 치료서비스까지 포괄적으로 제공하는 서비스다.

어떤 행사장에서 사회자가 남동구에서 제일 잘한 정책 세 가지를 말해 달라고 했을 때, 난 주저 없이 구립 어린이집 확충, 아동 치과 주치의 사업과 무상 국가필수예방접종 동네 병의원 확대, 친환경 무상급식을 얘기했다. 아이들이 경제적 이유로 배움과 생활에서 차별을 받지 않게 하는 것, 이것이 구청장의 책임이자 어른의 책임이라고 생각한다.

또 어린이들을 위해 근접거리에 도서관을 만들어 준다는 목표를 세우고, 서창도서관, 소래도서관 등을 개관했고 40여 개의 작은 도서관을 지원했다. 사람들의 접근이 좋은 동주민센터 4개소에도 작은 도서관을 건립했다.

그리고 출산율 제고를 위해 산모·신생아 도우미 사업의 지원 범위를 정부지원 범위보다 확대했다. 산모·신생아 도우미지원 사업은 출산가정에 산모·신생아 도우미를 통한 가정방문서비스를 지원하여 산모 및 신생아의 건강관리와 출산가정의 경제적 부담 완화를 꾀함으로써 건강한 임신, 출산, 양육을 지원하는 프로그램이다. 대상자를 평균 소득의 75%까지 확대해 해당하는 구민들을 위해 산모도우미를 2주간 파견하고 있다.

2012년부터는 만 65세 이상의 어르신들과 사회 취약계층을 대상으로 동네 병원에서 독감 무료 예방접종을 실시했다. 이것 역시 남동구가 인천에서 최초로 시작한 사업이다.

　매해 10월이면 보건소는 65세 이상 어르신들을 대상으로 독감 예방접종을 한다. 예방접종은 '독감 주사 맞으러 갔다가 독감 걸려온다'는 우스갯소리가 있을 만큼 어르신들에게 여간 고생스러운 일이 아니다. 찬 공기를 맞으며 몇 시간 줄을 서서 기다리는 어르신들을 보면서 이런 생각을 했다. '보건소까지 오실 게 아니라 동네 가까운 병의원에서 맞으면 편하실 텐데…'

　2012년, 남동구 어르신들은 인천시 최초로 동네 병의원에서 예방접종을 받으실 수 있게 됐다. 자체 예산을 확보해 병원과 위탁 업무를 맺을 수 있었다. 예방 접종이 가능한 병원은 150여 곳으로 관내 의료기관의 절반에 달한다. 어르신들은 가까운 동네 병원을 방문해 손쉽게 예방접종을 받을 수 있게 되었다. 이를 시작으로 인천 전역으로 확대되었고, 현재는 정부정책으로 시행되어 전국의 모든 어르신들이 혜택을 받고 있다고 생각하니, 뿌듯하다.

교육경비지원조례에 근거해 학교 시설 개선 사업과 특성화 프로그램 지원 사업도 추진하였다.

학부모와 교사, 이 둘이 교육의 중요한 축이라는 생각으로 25개의 교사 연구동아리에도 각각 연간 500만 원씩 연구비를 지원하였다. 또한 학부모 교육과 관련한 강좌를 진행하였다.

취임초, 보훈단체 어르신들은 민주노동당 출신의 구청장이라고 하니, 안보나 보훈단체에 대해 소홀하지 않을까 우려했다는 이야기도 들었다.

얼마 지나지 않아 그 분들을 뵙고, 여러 가지 말씀을 올릴 기회가 있었다. 그 뒤, 남동구청에서 거행되는 행사에는 보훈단체 분들을 위한 귀빈석을 앞줄에 마련해 드렸다. 어르신들에게 걸맞은 예우를 해드린 것이다. 그리고 보훈단체들의 사무실이 여기저기 흩어져 있고 구에서 지원을 받아 운영비를 마련하시는데 사무실 운영비도 빠듯하다는 말씀을 듣고는 23억 원을 들여 보훈회관을 지어드렸다. 별도의 사무실과 식사를 같이 하실 수 있는 장소를 만들어 드렸더니 아주 흡족해 하시는 것을 보고 뿌듯했다. 어르신들을 위해 보훈회관을 신축한 일은 울산 동구에서도 방문하여 벤치마킹을 해갔다.

행정은 주민의 입장에서 주민들이 필요로 하는 문제를 해결하는 것이

라고 생각한다. 먼 미래를 바라보고 지역 발전 방향을 세우는 것도 중요하지만, 생활 속 작은 불편을 놓치지 않는 것. 이것이 지역주민을 위한 행정의 시작일 것이다.

어제의 일들이
내일을 여는 거울

● 2010년 진보정당의 최초 수도권 구청장으로 당선이 되었을 때, 지금까지 진보운동을 해왔던 시민운동가 출신으로 내 생각과 경험에 머물러 있지 않고 평범하게 살아가는 사람들의 생활 속에서 함께 느끼고 소통하고 공감하는 방법을 고민하였다.

사람들에게는 자신들의 삶과 이야기에 소통하고 공감해주는 것이 필요하다는 생각은 오랜 시민사회운동과 몇 번의 낙선을 겪으면서 이웃과 주민들을 바라보는 내 나름 가장 절실한 삶의 기준이 되었다. 듣고 함께 느끼고 함께 경험하고 함께 난관을 이겨내며 나아가는 것, 그것이 정치이고, 내가 지향하는 '진보'의 모든 것이다. 지금도 나를 좋아하시는 분들의 이야기를 듣고 있으면, 구청장으로서의 배진교는 참 서민적인 사람, 털털한 사람, 누구와도 어울릴 수 있는 사람, 언제든지 구청장실을 찾아가면 만날 수 있는 사람, 그리고 대화를 하면 모든 것을 해결해 주진 못해도 잘 들어 주는 사람이라는 평가가 많다. 그런데 이런 평가들을 내게 스스로 비춰보면 역시 '듣는 것'이 시작이었다.

동복지위원회를 만들게 된 계기도 병원에서 온 편지 한 장으로부터 시작되었다. 구청장으로 있으면서 교도소에서 도움을 요청하는 편지도, 한의사 출신 새터민의 편지도 받았다. 그럴 때 마다 절실한 분들의 이야기를 듣고 나면 방법을 모색하면서 문제해결의 첫 걸음이 시작되었다.

2010년 당선 후 인수위원회를 꾸리면서 관내 19개 동과 남동구청의 모든 부서를 다 돌았다. 19개 동을 돌면서 각 동마다 동주민 간담회를 통해 현안을 청취하였고 관내의 각종 직능단체를 돌아다니며 단체별로 간담회를 열면서 직능, 부문, 지역마다 산적한 현안들을 살필 수 있었다. 아마 한 달 정도 걸렸던 같다. 이러한 요구사항들은 내가 공직자로 일하는 동안 사업으로 계획하거나 반영해야 한다는 생각으로 놓치지 않고 정리를 하였고 가능한 범위 내에서 해결해보고자 했다.

마찬가지로 구청의 각 부서를 돌면서 이야기를 청취하였는데, 그때 구청 직원들이 놀랐던 건 '듣는 구청장'의 새로움이었다고 한다. 회식 같은 자리에서도 하위직 이야기를 잘 들어 주고 하는 모습이 신선했다는 것이다. 공무원 사회에서 보기 드문 것으로 신선한 파장이었다고 한다. 또 실국장들이 업무나 현안을 보고할 때도 하위직 실무자들을 동석시킨 것도 공무원들이 예전

에 경험하지 못한 파격이었다고 입을 모았다.

남동구청은 공무원 900여 명 중에 여성의 비중이 높았다. 각 부서를 돌며 이야기를 듣는 자리나 회식 자리 등에서 빠지지 않고 나오는 것이 육아문제였다. 당시 구청 어린이집은 30명 정도를 수용할 수 있는 작은 규모였고 이런 형편에 대한 불만이 적지 않았다. 그 때 막 지어진 시청의 어린이집은 매번 비교되곤 했다. 몇 번 과를 돌다 보니 계속 그 이야기가 나오기에 여직원들 몇 명과 함께 시청을 방문해 보았다.

백문이 불여일건이었다. 보고 느끼고도 행하지 않으면 그게 퇴보라고 생각한다. 그 다음 해에 예산을 들여서 2층짜리 어린이집을 새로 지었다. 이 일로 해서 구청 직원들의 사기도 높아졌고 전반적으로 '진보구청장이 오니 무언가 다르다'라는 분위기가 자연스럽게 만들어졌다.

과거 시민운동 시절에 남동구 공무원노조에서 남동구청과 투쟁을 했던 적이 있었다. 그 때 남동구 공무원노조를 지원하러 갔다가 들어가지도 못하고 밖에서 배회하다 공무원들에게 끌려 나왔던 적이 있다. 그때 나를 끌고 나왔던 직원들이 내가 구청장으로 당선되었을 때도 근무를 하고 있었는데, 인사상의 불이익이 있을 거라는 말이 돌았고 당사자들의 걱정도 없지 않았다고 했다. 하지만 이 분들도 다 정상적으로 승진대상자가 되었고 실제로 승진이 되자 공무원 조직도 안정되어 가는 듯 했다.

이와 유사한 일은 남동공단경영자협의회를 처음 방문했을 때도 있었다. 남동공단에서 사업체를 운영하는 사장님들은 '혹시 진보구청장이 반기업 정서나 친노동 정책으로 일관하여 기업하기 어려운 환경이 되지 않을까' 하고 우려하는 시각이 없지 않았다.

그때마다, '남동공단을 활성화시켜야 일자리가 만들어진다. 경영자와 구청장에게는 공단 활성화라는 공동의 목표가 있다. 그동안 한 번도 만나 얘기해 본 적이 없기 때문에 우려가 있는 것으로 알고 있다. 경험이 다른 서로가 새로운 시각에서 만나서 얘기하면 또 다른 대안을 만들 수 있지 않겠느냐'는 이야기를 많이 했다. 경영자와 노동자가 공생할 수 있도록 노동자 문제를 개별사업장 틀에 머물게 하지 말고 공론화시켜서 지원할 수 있으면 지원하고, 협의할 수 있으면 협의해서 공동으로 이 문제를 해결하자는 제안도 했다.

　　2012년 인천 남동구에서는 '노사민정 협의회'를 만들었다. 그 동안 중앙 중심의 노사정 협의회로 운영하던 걸 민간전문가 및 주민대표까지 포함하는 노사민정 협의회의 설치 근거를 마련하여 발족시키고, 지역 사업장들의 고충을 해결하고 사업장 활력을 북돋고, 일자리를 만들고 노사상생의 협력사업을 만드는 데 진력했다. 다른 자치단체들이 와서 배울 만큼의 성과도 쌓였다.

　　이런 일련의 과정을 겪어 나가면서 남동공단의 경영자 분들이 나를 다시 보았다고 한다. 그 분들 중 일부는 지금까지 든든한 후견인 역할도 하고 계시다.

　　남동구는 도시지역이면서도 주변이 산과 바다로 둘러싸여 있어 살기 좋

소래습지생태공원

은 자연 조건을 갖추고 있는 곳이다. 녹지축을 형성하고 있는 만월산, 관모산, 오봉산 등의 산들과, 인천 유일 자연공원인 인천대공원, 다양한 생물이 서식하는 소래습지생태공원 등이 있어 산과 강, 바다가 있는 모습이 마치 우리나라의 축소판과 같다는 생각을 자주 해왔다. 남동구는 또 인천의 시청, 교육청, 경찰청 등이 소재한 행정과 교육의 1번지이기도 하다. 풍부한 자원과 인프라를 보유하고 있는 남동구는 시민들이 생활하는 데 최적의 조건을 갖춘 도시라고 할 수 있다.

　이런 조건을 갖춘 남동구에서 지난 시기 구청장으로 있으면서 '수도권 제일의 행복도시'라는 슬로건을 바탕으로 살기 좋은 지역을 만들기 위해 걷고 뛰고 땀 흘리던 날들이 주마등처럼 스쳐간다. 돌아보면 자랑스럽기도 하다. 그러나 앞으로도 가야 할 길은 멀다. 지난 시기가 '행복한 남동'을 만들기 위해 도약하는 시기였다면 이제 '수도권 제일의 행복도시 남동'을 완성하기

Ⅰ. 남동구에서 배운 것들

위해서 새로운 혁신, 새로운 도약을 요구받고 있다고 생각한다.

준비된 능력, 통합과 추진력의 리더십, 행정과 지역생활정치의 전문가가 필요한 때이기도 하다. 어느 자리에서든 지난 경험을 벼리고 닦아 내게 사랑을 전해준 주민들에게 충심으로 보답하고 싶다.

"50만 남동구민 여러분, 사랑합니다!"

Ⅰ. 남동구에서 배운 것들

2014년 배진교 블로그 웹툰_
주민참여예산

"꽃밭? 꽃밭이라.. 그러게? 화단 같은게 생기면..사람들이 쓰레기를 안 버릴까?"

"그럴 것 같기는 한데요.. 그럴려면 예산이 있어야 하는데.."

"아~ 맞다! 주민참여예산제! 반상회에서 의견을 모아서 배진교 청장께 말씀 드려봐요! 그분이라면 우리 이야기를 귀 기울여 들어 주실거 같아요~"

I. 남동구에서 배운 것들

2014년 배진교 블로그 웹툰_
일자리가 복지다

"남동구민을 채용하는 기업에게 인센티브를 주기 때문에 그만큼 가능성이 높아졌어~ 어때? 오고 싶어지지 않아?"

"그래! 좋네~ 한번 해봐야지~"

I. 남동구에서 배운 것들

2014년 배진교 블로그 웹툰_
동네에서 무상의료

인천최초
65세 이상 독감예방주사 동네병의원 실시

인천최초
12세 미만 아동 필수예방접종 동네병의원 실시

Ⅰ. 남동구에서 배운 것들

2014년 배진교 블로그 웹툰_
함께 잘사는 남동구

"함께 잘사는 남동구는 어떻게 실현될 수 있을까?"

" 더 많은 사람들이 다양한 복지혜택을 받으려면...., "

" 아!! 남동구의 관내기업은 수익금의 일부를, 공무원과 주민들은 기부금을 모아 ~ 자금 순환의 기능을 갖게 하는거야"

기업과
공무원,
주민의
적극적 참여

남동구청
취합,선정

다수서민
지급

20명이 월 5만원씩 상환한
상환금 REFUND로 월 1인 신규지원 (지속적 지원기회 확대)

동복지위원회를 통한 복지사각지대 해소!
남동이행복한지역재단
(민관거버넌스 지역재단)

Ⅰ. 남동구에서 배운 것들

2014년 배진교 블로그 웹툰_
아이 키우기 좋은 남동구

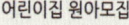

" 슬기 어머님 왜 옆 아파트에서 나오세요 ? "

"아~ 가깝고 좋은 어린이집에 보내야하는데 대기자가 많아서,,,"

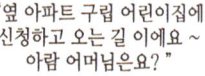

"옆 아파트 구립 어린이집에 신청하고 오는 길 이에요 ~ 아람 어머님은요 ? "

" 가야할 곳도 있고, 아무래도 오늘은 어렵겠다. "

" 말도 마셔요~ 근처 어린이집 갔는데, 대기자가 많아서 헛탕치고 오는 길이 예요~ "

"근데, 아파트에
구립 어린이집이 있다구요?"

" 선생님들은 믿을수 있는 거예요?
요즘 어린이집에서 아동학대 문제도 발생하던데.."

"네! 모르셨어요? 전국 최초로
민관협동으로 남동구에서
시작 되었다는데..
올해까지 10개까지 확대된데요~"

" 에이~ 구에서 미리 검증해서 하지요 ~
일 잘하는 **배진교 청장이**
그런것도 확인 안했겠어요 ~
더 생긴다고 하니, 아람 어머니도
가까운 구립어린이집 알아봐요 ~"

인천에서 국공립 어린이집이 가장 많은 남동구
임기중 구립 어린이집 10개를 확대했습니다.

I. 남동구에서 배운 것들

남동구민 여러분, 동행복위원회를 꼭 기억해 두세요 / 양인수

배짱클럽이 좋아요 / 천재호

새터민의 삶터에는 반드시 사회가 연결돼야 합니다 / 유영주

생태복지도시, 도시농업의 메카를 꿈꾸며 / 김진덕

여든 하나, 아직 대못 하나 박혀 있습니다 / 신동식

여성친화도시로 성장하는 남동구를 희망합니다 / 구순례

커피, 쿠키, 그리고 우리 / 김영실

주민참여예산제도의 부활을 기대합니다 / 신길웅

II

남동의
이웃들

남동구민 여러분, 동행복위원회를 꼭 기억해 두세요

양인수 논현고잔동행복위원회 위원장

● IMF직후인 1998년에 저는 회사를 그만 두고 520만 원으로 기계를 하나를 샀습니다. 그 기계로 속눈썹 말아 올리는 미용기구인 아이래시 컬러(eyelash curler)와 주전자뚜껑 손잡이를 만들었는데요, 까다로운 공정이지만 깨끗하게 만드는 기술을 가지고 있어서 대형업체 수출 건을 따냈습니다. 몇 달 만에 아파트를 사고 몇 년 만에 공장도 샀습니다. 그런데 어느 날, 내가 태어난 고향은 경남 밀양이지만 성공은 이 지역에서 했으니까 지금 번 것을 이 지역에서 나눠야겠다는 생각이 들었습니다. 그래서 제가 졸업한 한 초등학교에 장학금을 후원하고 있었는데요, 외람되지만 이 일로 표창을 받게 됐고, 배진교 전 구청장을 그때 처음 만났습니다.

사업을 하다 보면 공무원들과 만나야 할 일이 종종 있습니다. 그래서 관공서에서 일하는 사람들에 대한 어떤 이미지를 가지고 있었는데 배진교 전 구청장은 달랐습니다. 인상도 좋았지만 이야기를 나누다 보니 사람을 대하는 자세가 확실히 달랐습니다.

저보다 어린데도 불구하고 한번 사귀어 봐야겠다는 생각이 들었습니다. 그때 저는 한나라당 지지자였고, 2010년 구청장 선거 때 배진교 후보를 찍지도 않았습니다. 다른 당 후보들에게 크게 관심도 없었고요.

그런데 배진교라는 사람이 서민들과도 서슴없이 대화하고 사람들과 소통하는 걸 보고 '아, 일은 이렇게 하는 거구나! 이런 사람이 일을 해야

하는구나!'라는 생각이 들었습니다. 특히 민·관이 협력해서 동복지위원회를 마련하자는 얘기를 듣는데 큰 울림을 받았습니다. 기부문화에 대해서도 알게 됐죠. 같이 하자는 제안을 받고 기왕 할 거면 제대로 해보자는 뜻에서 저도 위원장을 맡았습니다.

동행복위원회의 전신인 동복지위원회는 각 동에서 지역사회복지에 관심과 열의가 있는 15명 이내의 주민들을 위원으로 위촉해서 구성한 민관 협력 단체입니다(총 19개 동, 241명). 기초생활보호자로 등록돼 있지 않은, 다시 말해서 서류상으로 포착이 안 되는 복지사각지대에 있는 소외계층과 긴급지원이 필요한 사람들을 직접 만나고 도와주는 일을 합니다. 주민들을 운영위원으로 위촉한 이유도 실제 거주하는 주민들이 이웃의 생활을 가장 잘 알기 때문입니다.

한 예로 위암으로 갑자기 아내를 잃은 부자가정이 있었는데요, 초등학교 1학년과 2학년 아들 둘을 둔 젊은 아빠였습니다. 아이들이 어려서 장시간으로 근무를 할 수가 없으니까 실제 소득이 안정적이지도 않았습니다. 그런데 서류상으로는 소득이 있는 걸로 나오니까 지원을 받지 못했습니다. 가까이에 도와줄 친지들도 없는 상황이죠. 이러한 부분이 동복지위원회로 접수돼서 바로 지원을 나갔습니다.

지역위원들의 회의를 거쳐 지원대상으로 선정되면 6개월 동안 50만 원씩 지원됩니다. 좀 힘들면 탄력적으로 연장을 하기도 합니다. 한 달에 다섯 가정을 지원하는데, 실제로는 이보다 더 많은 추천과 신청이 들어옵니다.

복지사각지대에 있는 분들에게는 금전적인 지원도 필요하지만 대화가 무척 중요하다고 생각합니다. 저희가 중점을 두는 부분도 지속적인 관계형성입니다. 어떻게 보면 재정적 지원은 단순한 매개체일 수도 있습니다. 한 달에 50만 원은 작은 지원이라 한 번에 확 나아지는 경우는 없습니다. 급하게 병원치료를 받은 경우는 있습니다. 그래서 후원금을 5곳으로 나누지 말고 한

사람에게 전폭적인 지원을 하면 어떨까라는 생각도 했습니다.

그런데 2011년 고 최고은 작가 사망사고나 2014년 송파 세 모녀 사건 등을 보면 돈의 액수가 문제가 아닌 것 같습니다. 당장에는 어렵고 힘든 상황이지만 '당신은 사회로부터 버림받지 않았다' '우리가, 사회가 옆에 있다' '도울 수 있는 부분을 서로 돕고 살자'는 메시지를 계속 주고받는 게 중요하다고 봅니다. '아, 이 사람이 이런 것을 고민하고 있구나!' 하고 얘기도 들어주고, '아, 이 분들은 내 얘기를 들어주는구나!' 하고 위로를 받는 거죠. 서로 케어하고 서로 힐링하는 게 100퍼센트 해결책은 안 되겠지만 서로에게 힘이 된다고 생각합니다.

Ⅱ. 남동의 이웃들

제가 위원장을 맡고 나서 여러 가지 일을 겪었는데요, 2014년에 구청장이 바뀌고 조례가 폐지되면서 동복지위원회가 없어졌을 때는 참 안타까웠습니다. 동복지위원회는 앞서 말씀드린 세 모녀 사건으로 만들어진 지역사회보장협의체의 모체입니다. 보건복지부에서 벤치마킹을 해갈 정도로 우수한 정책인데 모범적으로 잘 시행하던 남동구에서는 오히려 사라진 겁니다. 정치철학이 다르니까 어쩔 수 없다고 봅니다만, 없애면 안 된다고 언쟁을 높이기까지 했지만 대화가 안 되더라고요. 화가 참 많이 났습니다. 사실 배진교 구청장이 낙선하리라고는 생각도 못했거든요. 자기자랑을 너무 안 해서 그런 것 같다는 생각도 듭니다.

행정자치부에서 구청에 주는 지원금을 3번이나 받았습니다. 3년 연속으로 상을 받은 경우도 드물지만 야당 출신인데도 이 정도면 일을 정말 잘 한 거라고 합니다. 결과가 말을 해주니까요. 이런 걸 도통 자랑하거나 홍보를 안 한 것도 낙선 원인 중의 하나가 아니었을까 하는데요, 여담이지만, 제가 당을 바꿔보면 어떻겠냐고 권한 적도 있습니다. 물론 자기 뜻이 확고해서 꿈쩍도 안 하긴 했습니다.

이후로는 저도 당을 생각하지 않습니다. 사람을 봅니다. 일을 맡겨보면 알거든요.

그래도 불행 중 다행이라고 할까요? 보건복지부에서 저희 동복지위원회를 벤치마킹해 간 지역사회보장협의체가 시행돼서 구청에서 열심히 해야만 하는 이유가 되긴 했습니다. 동복지위원회를 계속 유지했더라면 지금쯤 탄탄하고 안정적인 발전을 했을 텐데 라는 아쉬움은 아직도 좀 있습니다.

　　지금의 동행복위원회라는 이름도 2014년에 새로 지었습니다. 구청에서는 사라졌지만 지역위원들은 그대로 계셨거든요. 고맙게도 이분들이 계속해서 이어가자는 뜻을 거의 만장일치로 모아주셨습니다. 동복지위원회에서 동행복위원회로 이름을 바꾸고 경제적 지원과 서비스 연계, 그리고 지역주민의 다양한 복지욕구에 부응하는 서비스를 지원하는 민간재단으로 활동하고 있습니다.

　　동행복위원회의 재정은 이전과 마찬가지로 모두 후원금으로 충당됩니다. 저나 지역위원들과 개인적인 인연이나 친분이 있는 지인들이 후원인이 되는 경우도 있고, 모르는 사람들을 직접 찾아가서 동행복위원회의 취지를 말씀드리고 후원인으로 모시는 경우도 있습니다. 전자는 한계가 있고 후자가 더 많죠.

후원금은 5천 원에서 10만 원까지 다양한 금액을 일시에 혹은 월정액으로 후원해 주십니다. 십시일반이라고, 이렇게 모이는 금액이 한 동에서 160만 원에서 200만 원 가까이 되기도 합니다. 이렇게 모아진 후원금이 한 가정에 50만 원씩 6개월 동안 지원되는 겁니다. 경우에 따라서는 1년 동안 지원되기도 하고요.

동행복위원회와 연결된 가정에 초등학교 입학을 앞둔 어린이가 있으면 꼭 가방을 선물하는 분이 있습니다. 지역위원인데요, 재정적 지원과는 별개로 그냥 주는 겁니다. 아이들에게 초등학교 입학은 사회로의 첫 진출이나 마찬가지입니다. 그래서 이때 받는 가방은 어서 오라는 환영의 인사이자 '너를 응원한다'는 메시지도 될 겁니다. 실제로 아이들이 가방을 받고 얼마나 좋아하는지 모릅니다. 가방을 이리 보고 저리 보고 끌어안고 방방 뛰고 그러죠. 사람이 작은 것에 감동한다고 하잖아요? 아이들도 그걸 느끼는 것 같습니다. 물론 저희들은 더 큰 감동과 보람을 느낍니다.

제가 하는 일들을 얘기하면 주변에서 좋은 일 한다고들 합니다. 그런데 저는 좋은 일이라기보다는 당연히 해야 할 일이라고 생각합니다. 할 때마다 엔돌핀이 돌아요. 기부를 하면 기분이 굉장히 좋아집니다. 안 해보신 분들은 이 기분 모를 겁니다. 기부하고 나누는 것은 서로에게 이득입니다. 저희 위원회 이름처럼 행복해집니다.

동행복위원회는 남동구민 모두가 행복하길 바랍니다. 동행복위원회를 잘 기억해두셨다가 힘들 때, 힘든 이웃을 만났을 때 동행복위원회를 꺼내시기 바랍니다.

배짱클럽이 좋아요

천재호 배짱클럽 회장

● 안녕하세요? 배짱클럽 회장 천재호 입니다.

'배짱클럽'이라고 하면 많은 분들이 '개미와 베짱이'란 이야기속의 베짱이를 떠올리시는데요, 배짱클럽은 "'배'진교 '짱' '클럽'"을 줄여서 부른 말입니다. 저희는 팬클럽 이름 그대로 '배'진교를 '짱'으로 생각하는 사람들의 모임입니다.

팬클럽은 보통 팬들의 좋아하는 사람이 한창 왕성한 활동을 하는 시기에 생기잖아요? 그런데 저희는 그 반대였습니다. 2014년 6·4지방선거 때 배진교 전 구청장님이 재선에 실패하고 나서 만들어졌습니다. 재임하는 4년 동안 구청장으로서 일하는 모습을 많은 분들이 봐왔잖아요? 낙선이 안타까운 것도 사실이지만 받은 것을 돌려준다고 할까요? 이 사람을 그대로 둬서는 안 된다는 생각과 남동구에 없어서는 안 될 사람이라는 생각들이 하나로 뭉

처졌다고 보면 좋을 것 같습니다.

모임은 회원들과의 친목도모도 있지만 팬클럽답게 배진교 전 구청장님 만나고 이야기를 나누고 합니다. 정기모임 외에는 배진교 전 구청장님이 현재 남동이행복한지역재단 이사장으로 계신 만큼 재단행사나 일정에 맞추려고 합니다. 모임장소도 남동구로 정합니다. 회원들 중에 요식업 하는 분들이 계시지만 양해를 구하고 웬만하면 남동구 경제를 살리려고 남동구에서 모입니다. 그러면 저희 모임을 알릴 수도 있고, 동시에 한 분에게라도 더 배진교 라는 사람에 대해서, 그의 소신에 대해서 알릴 수 있기 때문입니다. 생각이 다른 사람들을 만나는 것도 중요하고, 서로 얘기를 나누다 보면 도움을 주고받을 일도 생기고 객관적인 시각을 갖게 되니까요. 저희 모임이 은근 치밀하고 사려 깊고 섬세한 조직입니다.

회원들 직업은 무척 다양합니다. 교육계 관련 회원분들도 있어서 교육 관련 얘기도 나눌 수 있고, 저처럼 변호사 사무실에 있으면 이쪽 얘기를 나누고, 식당하시는 분, 어린이집 선생님, 사업하시는 분 등 다양한 직업의 회원들이 있으니까 얘기도 다양하게 나눌 수 있습니다. 연령대는 20대부터 60대까지 다양한데 30대 후반에서 40대분들이 제일 많습니다. 또 배진교 전 구청장님 인상 덕분에 여성 회원들이 훨씬 많습니다. 비율이 7:3 정도 됩니다.

배짱클럽 회원가입조건은 딱 한 가지, '배진교를 좋아하는가?'입니다. 팬클럽의 기본이죠. 회원 간의 온라인 모임도 있는데요, 이 경우에는 오프라인에서 어느 정도 친목과 교감이 이뤄진 후에 가입승인이 나긴 합니다. 가상공간에서 문자로 소통을 하다 보면 본의 아니게 오해가 생길 수도 있으니까요.

회원으로 가입한 분들은 정치를 아예 모르는 분들도 적지 않습니다. '사람이 좋아서'라고 말씀하시는 분들이 많습니다. 4년 동안 경험했잖아요. 내 주변 환경이 변하는 것까지. 어떤 분들은 '젊어서'라고도 하는데 그건 나이와는 상관이 없는 것 같습니다. 행정도 행정이지만 동네 돌아다니면서 위에 있는 사람이 아니라 옆에서 같이 가는 사람이라는 느낌이 들거든요.

어떤 분은 정치인치고는 '수다'가 약하다고 하는데, 팔이 안으로 굽는다고, 저는 그것도 배진교 전 구청장님만의 강점이라고 봅니다. 그래서인지 오히려 정치인 같지 않고 형님 같습니다. 편하죠. 따뜻하고 믿고 의지할 수도 있고요. 편해서 누구나 쉽게 다가갈 수 있다는 얘기는 구청장이라고 해서 어깨에 힘주고, 보이지 않는 벽을 만들어놓고 지내지는 않았다는 얘깁니다.

주민들과 소통하려고 더 많이 자주 주민들 곁으로 다가갔기 때문에 주민들도 그렇게 느꼈던 겁니다.

2010년에 처음 구청장 후보로 나왔을 때부터 저는 배진교 전 구청장님을 응원했습니다. 그때는 배진교라는 후보를 잘 알아서가 아니라 상대 후보가 싫어서였습니다. 세상이 좀 바뀌어야한다는 생각을 하고 있었거든요. 그래서 배진교 후보 지지했습니다.

배짱클럽 회원이 되고나서 저는 정의당 당원으로도 가입했습니다. 2016년 국회원원 선거 때였는데요, 구의원 보궐선거가 만수동쪽에서 있었고, 정의당에서 최승원 후보가 나왔습니다. 도움을 좀 드려야겠다 싶었습니다. 제가 아주 어렸을 때부터 어머니께서 봉사활동을 많이 하셔서 그런 영향을 좀 받았습니다. 어른이 되면 사회에 봉사하는 일도 하면서 살아야지 했었죠. 주변에 몇몇 단체들 가봤는데 싸움만 하는 경우를 종종 봤는데, 정의당분들은 달랐습니다. 같이 일하는데 사람들이 너무 따뜻한 거예요. '정의당은 다르구나!' 느끼고 바로 당원으로 가입했습니다. 그게 발판이 돼서 지난 대선 때도 선거운동 많이 도왔습니다. 제1당이나 제2당 되면 사람동원하고 일당 주고 그러는데 정의당은 그런 것 없습니다. 인원수는 얼마 안 되고 일당백으로 해결합니다. 그래도 그 어느 곳보다 수평적이라고 자부합니다.

가끔 배진교라는 사람이 다른 당으로 가서 나오면 어떻게 하겠느냐는 질문을 받습니다. 저와 저희 배짱클럽은 배진교 따라 갑니다. 당은 상관없습니다. 본인 차원에서는 '남동구를 위해서'라는 마음을 늘 가지고 계신 걸로 압니다. 지난 국회의원 선거 때도 출마를 하느냐 안 하느냐 주변에서 옥신각신 했습니다. 근데 배진교 전 구청장님은 원래대로 구청장 출마를 고수했습니다. 그래서 당보다는 사람이 중요하다고 생각합니다. 구청장으로 일하시는 동안 남동구를 살기 좋은 곳으로 올려놓으신 분입니다. 제 개인적인 생각도 그렇지만 주민들 대다수가 인정하는 부분입니다.

2014년 이후, 예전 모습으로 바뀌고 퇴보하는 것을 주민들이 직접 봤거든요. 행복한 것이 무엇인지, 그것이 어떻게 사라지는지도 눈으로 본 겁니다. 그리워하는 거죠.

구청장으로 활동하실 때 제가 마음으로 받아 안은 이야기가 하나 있습니다. 구청장 되고 나서 아는 사람 많아져서 참 좋다는 얘기였습니다. 8~9년 전만 하더라도 야권단일후보로 출마할 때, 아는 사람은 없고 그래서 그게 너무 힘들었는데 지금은 얼마나 행복한지 모른다는 얘기였습니다. 구민 한 사람

한 사람이 배진교 전 구청장님에겐 행복인 겁니다.

그 뜻을 잘 헤아려서 저희 배짱클럽에서도 간언을 자주 드립니다. 크고 이름난 단체보다는 작은 단위나 주민 한 명이라도 더 만나자고 합니다. 큰 단체에 소속된 사람들은 어떻게 보면 1%밖에 안 됩니다. 작은 단위, 개인 등을 만날 수 있는 기회가 있을 때마다 알려드립니다. 저희가 준비하기도 하고 서

로 모시려고 하는 분위기도 있습니다.

배짱클럽과 함께하면, 남동구의 더 좋은 사람들과 함께할 수 있습니다.

새터민의 삶터에는 반드시 사회가 연결돼야 합니다

유영주 제연교육연구소 대표

● 2007년 5월 3일 저녁 7시가 지금도 기억납니다.

2개월 된 아기를 업고 큰 가방까지 챙겨들고 하나원을 나섰는데 무슨 일인지 일정이 자꾸 미뤄지더니 결국 다 늦은 저녁에서야 집에 들어갈 수 있었습니다. 현관 입구에 가방 두 개만 달랑 있는 임대 아파트. 아무 것도 없는 17평 아파트는 너무 넓고 휑했습니다. 베란다 창은 또 얼마나 크고 뻥 뚫려 보이던지…

아기는 배가 고파서 울고 저는 서러움에 울었습니다. 누구나 다 그런 과정을 거친다는 걸 알면서도 그날 밤은 서럽더라고요.

북한에 있을 때, 의사인 어머니와 공학박사인 아버지 덕분에 어려운 줄 모르고 살았습니다. 대학교 때 전자공학을 전공하기도 했고요. 하지만 내가 좋아하는 일을 마음껏 할 수는 없었습니다. 그래서 탈북을 결심한 겁니다. 처음엔 중국에서 잡혀서 감옥까지 갔다 왔습니다. 그래도 또 용기를 냈죠. 내 삶이니까요.

북한이탈주민정착지원사무소인 하나원을 통해 인천 남동구에 도착하고서도 저는 낯가림이 심해서 한참 힘들었던 것 같습니다. 동네 이름도 낯설고, 길도 어디가 어딘지 모르니까 한번 찾아 가려면 열 번도 더 물어 봐야 했습니다.

　정부 지원금이 있어도 아이가 있으니까 우선 일을 해서 돈을 벌어야 했습니다.
　부업으로 볼펜 심 끼우는 일을 했는데 돈은 잘 안 모이고, 돌도 안 된 아기를 데리고 일하기도 힘들었습니다. 일주일에 한 번씩 데려올 수 있고, 24시간 아기를 돌봐주는 곳을 알아봤죠. 30년 같은 3일을 고민했습니다. 통장엔 만 오천 원밖에 없으니 벼랑 끝에 선 기분으로 아기를 맡기고 오는데 눈치를 챘는지 아기도 엄청 보채고 울었습니다.

남동공단에 가서 이 악물고 일했습니다. 차비 아끼려고 첫 월급 받아서 자전거부터 샀으니까요. 두 번째 회사가 육포 만드는 곳이었는데요, 그곳에 있는 기계들을 제가 3개월 만에 마스터했습니다. 북한에 있을 때부터 기계 쪽을 전공해서 감각이 있었거든요.

그걸 본 반장님이 저에게 공부가 맞겠다며 대학진학을 권하셨습니다. 그리고는 정말 운 좋게 변호사 사무실에서 일하면서 공부할 기회가 생겼습니다. 또 상담도 배울 기회가 생겨서 '가족폭력전문상담원'과 '상담코칭전문가' '사회복지사 2급' 등 자격증을 땄고요.
2010년에는 야간대학에도 진학했습니다.
배진교 전 구청장님도 그 즈음에 알게 됐습니다. 어느 날 비서실에서 남동구에서 간담회를 하는데 저도 오라고 연락이 왔습니다. 그래서 갔더니 구청장님이 회의할 때 저에게 시간을 줄 테니 하고 싶은 말이 있으면 하라고 했습니다. 그런데 아무 말도 안 했습니다. 제가 탈북 때 브로커 이름도 끝까지 말 안 했었거든요. 그렇게 회의가 끝났는데, 배진교 전 구청장님이 다시 저에게 오시더니 가만히 물으셨습니다.

"영주씨, 하실 말씀 있으시죠?" 라고요.
"통역관 필요합니다. 구청에 탈북자 전담상담사가 있었으면 좋겠습니다."
이상하게 갑자기 제가 말문이 터졌습니다. 정말 기다렸다는 듯이 줄줄

이 여러 가지 말씀을 드렸습니다. 그 후에 구청에서 무슨 행사에 오라는 연락이 자주 왔고, 남동구 논현1동 주민자치위원회를 조직할 때, 새터민 대표 자치위원으로 위촉됐습니다. 주변에 물어보니까 욕먹는 사람이라고 하더군요. 그래도 '욕먹더라도 해 보자'란 생각으로 회의도 열심히 참석하고, 다른 시민사회 자리에도 참여했습니다.

그때부터 엄청 많이 배우고 여러 가지 일을 했는데요, 새터민 관련해서 필요는 하지만 누구도 손대지 못했던 일들을 하나씩 풀어갔습니다. 그 가운데 하나가 '탈북여성 상담치유와 힐링'이라는 프로그램입니다. 그전에는 찾아오는 사람만 상담했지만 저희는 직접 찾아가는 형식을 취했습니다. 2011년 당시에 입국한 탈북자가 2만 2,000여 명이었습니다. 그 가운데 70%가 여성인데요. 탈북 여성은 남성과는 달리, 탈북 과정에서 브로커의 도움을 받는 대

가로 중국 남성에게 팔려가는 경우가 많습니다. 그러다보니 원치 않는 임신과 출산으로 이어지기도 합니다. 최근에도 탈북 여성과 관련된 사건이나 사고가 일어나고 있죠. 가정폭력부터 우울증까지…. 이외에도 드러나지 않는, 낯선 곳에서 겪어야하는 문제들이 참 많습니다.

　남한에 와서도 하나원에 있는 기간이 지나면 또 다시 홀로서기를 해야 합니다. 제가 서럽게 울었던 그날처럼 나를 아는 사람도, 내가 아는 사람도 없는 상황에 덩그러니 혼자 놓이게 되는 겁니다. 대부분의 사례들이 얘기하는 사람이나 듣는 사람이나 지극히 조심스러운 개인사입니다. 개개인별로 사연도 다르고요. 그래서 이런 독특한 상황이나 경험들을 이해해주고 공감할 수 있는 상담사, 특히 내담자가 절대적으로 신뢰할 수 있는 전문상담사가 필요한 겁니다. 얼굴 맞대고 얘기하다보면 감정이 복받쳐서 북한사투리도 막 나오고 그럽니다. 얘기 들어주고 어느 정도 대화가 돼야하는데 우리가 같은 민족이라도 분단된 지 오래잖아요. 그런 면에서 새터민 상담사가 유리하기도 합니다. 그래서 그런 상담사가 배치되었으면 한다는 의견을 전달했습니다.

회의가 끝나고 며칠 후 구청에서 전해온 답장은 지금 당장은 인력배치가 어려운 상황이어서 이듬해부터 예산을 배정해 시행하겠다는 것이었습니다. 그리고 이듬해 남동구청 총무과에 북한이탈주민 출신 상담사가 채용되었습니다.

자료 모으고, 샘플 훑어보면서 사업계획서를 만들었습니다. 남동구에 있는 새터민지원단체를 찾아가 사업계획서를 보여주고 논의한 끝에 여성가족부에 새터민 전문상담을 진행할 수 있는 사업계획서를 제출했습니다. 당시 단체의 관리자는 "중앙부처 사업은 행정일도 너무 많고 어려운데 만약 사업이 선정되면 영주씨가 혼자서 맡아서 해야 돼요. 우리 센터 인력으로는 중앙부처 사업을 감당할 수 없어요."라고 말했습니다.

세상에 안 힘든 게 있나요? 그렇게 해서 여성가족부 공동 협력사업의 하나인 새터민 단기 치유상담프로젝트를 시작할 수 있었고, 2011년 4월부터 사업이 본격 시작되었습니다. 프로젝트 이름이 '우동'이었고, 벗 우(友)자, 한가지 동(同)자에 뜻을 담아서 한자로 이름 지은 겁니다.

상담만 할 줄 알았는데 담당자가 되니까 제가 직원 아닌 직원이 돼서 눈코 뜰 새 없이 바빴습니다. 그래도 이 과정에서 아주 중요한 사실을 알게 됐습니다.

　탈북여성들이 남한에서 가장 아쉬워하고 바라는 게 다름 아닌 '관계'라는 사실입니다. 내가 누군가와 연결돼 있다는 것. 이게 살아가는 힘이 됩니다. 물질적인 것도 필요합니다만, 어떻게 보면 새터민들은 남한에서 다시 태어난 거나 마찬가지잖아요. 사회적 관계가 가장 먼저 형성돼야한다고 봅니다. 저도 크게 다르지 않습니다.

　저는 개인적으로 배진교 전 구청장님을 불나방 같은, 촛불 앞의 나비 같은 분이라고 생각합니다. 저항정신과 도전정신이 있으신 것 같아요. 그런 가슴 뛰는 삶을 즐기시는 것도 같습니다. 정치가 내 삶과 직결돼 있다는 걸 저는 2010년부터 배웠습니다.

　2010년부터 2013년까지 인천 남동구에 정이 담뿍 들었습니다. 2014년부터는 정을 싹 떼고 경기도 쪽에서 주로 일했었는데요, 지금 인천에서는 잠만 잡니다. 사업지역이 서울, 경기라서 그쪽으로 이사를 나가고 싶기도 합니다. 새터민들이 더 살기 좋은 남동구가 되었으면 합니다.

생태복지도시, 도시농업의 메카를 꿈꾸며

김진덕 인천도시농업네트워크 운영위원장 /
전국도시농업시민협의회 대표

● 도시농업은 말 그대로 도시에서 농사를 짓는 일을 말합니다. 그런데 왜 도시에 농사가 필요할까요? 도시농업은 이 단순한 질문에서부터 출발합니다. 도시는 각종 개발로 인해 콘크리트와 아스팔트로 메워지면서 녹지공간을 잃어가고 있습니다. 각종 매연으로 공기오염은 물론 엄청난 소비로 발생하는 쓰레기로 환경오염도 점점 심각해지고 있습니다. 이로 인한 피해는 사람들에게로 고스란히 돌아옵니다. 물이 고이면 썩듯이 도시도 공기와 환경이 순환하지 못하면 썩게 됩니다. 도시농업에서는 이런 경우를 순환의 마비, 혹은 지속불가능한 상태라고 합니다. 다시 말해서 도시가 마비돼 더 이상 사람이 살 수 없는 곳이 된다는 얘기입니다.

도시농업은 도시가 안고 있는 여러 가지 문제점을 해결할 수 있습니다. 농업이 씨앗을 심고 가꿔서 거둬들이는 식량생산이라는 단순한 기능 외에도 환경적, 사회적, 문화적으로 다양한 기능을 가지고 있기 때문입니다. 이

것을 농업의 다원적 가치라고 하고, 이를 이용해서 도시문제를 해결해 나가고자 마련된 대안운동이 바로 도시농업입니다. 그래서 도시농업은 일반적인 관행농업과는 달리 생태농업을 원칙으로 합니다.

먼저 도시의 공동체를 살리고 환경을 복원할 수 있어야 하고, 생태적인 삶을 실천하는 노력이 있어야 합니다. 도시에서 버려지는 자원을 순환시키는 일이죠. 마지막으로 도시농업을 통해서 우리농업을 함께 지켜나가는 도농상생의 조건을 만들어 가야 합니다.

우리나라의 도시농업은 2005년 전국귀농운동본부에서 운영한 도시농부학교로부터 싹트기 시작했습니다. 나이 마흔이 되어 새로운 삶의 전환을 모색하던 2007년《생태도시, 아바나의 탄생》이란 책을 읽었는데요, 말로만 듣던 도시농업이 제 마음을 움직였습니다. 책의 번역자인 안철환 선생님도 찾아뵙고, 전국귀농운동본부에서 운영하는 도시농부학교에 입학해서 본격적으로 도시농업에 대해서 배웠습니다.

그해 5월에는 전국 최초의 도시농업단체인 '인천도시농업네트워크'를 만들었습니다. 인천 남동구는 배가 특산물일 정도로 실제 농가와 농지가 많고, 소래포구와 인천대공원 같은 자연환경과 공단이라는 인문환경 요소가 어우러져서 도시농업을 하기에 최적화된 곳입니다. 뿐만 아니라 인천연대처럼 가치중심적인 것을 중요시하는 시민단체들이 오래 전부터 뿌리내린 자생력 높은 도시라는 점이 도시농업이 자리매김하는 데 강점으로 작용합니다.

인천도시농업네트워크의 초기 사업은 상자텃밭 보급사업과 텃밭교육이었습니다. 유치원과 초등학교, 청소년단체, 경로당 등에 상자텃밭을 설치해 주고 텃밭교육 프로그램을 운영하였습니다.

남동구에 계신 많은 분들도 도시에서 농사짓는 것을 좋아했습니다. 특히 연세 많으신 분들은 경험과 추억이 있다 보니 더 좋아했습니다. 대부분의 경로당에는 농사지을 공간이 없었는데 상자텃밭은 햇볕이 드는 작은 공간만 있어도 농사가 가능해서 상추, 토마토, 가지, 고추 농사를 지어 수확을 많이 할 수 있었습니다. 어르신들이 소일거리로 즐기셨기 때문입니다. 상자텃밭 더 없냐고 요구하실 정도로 호응이 높았는데요, 여가와 취미를 위한 상자텃밭활동은 적당한 운동량을 확보할 수 있어서 건강유지에도 한 몫을 담당하게 됩니다.

아이를 키우는 부모와 학교나 유치원 같은 단체에서도 호응이 좋았습니다. 텃밭교육은 생명과 교감하는 활동입니다. 생태적 감수성과 생명존중의 마음을 갖게 하는 좋은 교육입니다. 자기가 기른 채소를 자기가 먹기 때문에 유아들의 식습관 개선에도 도움이 됩니다. 한 중학교에서 텃밭동아리를 운영한 적이 있었는데요, 한 학기 뒤에 담당 선생님으로부터 학생들이 자존감이 높아지고, 서로의 강점을 인정해주면서 교우관계가 무척 좋아졌다는 얘기도 들었습니다. 작물 키우기가 자존감 형성에 도움을 준다는 얘기를 논문으로만 봤는데 직접 경험을 하고나니 도시농부로서 무척 뿌듯했습니다. 작지만 커다란 가치를 가진 상자텃밭이 도시 곳곳에 녹지를 만들었고, 공동체 문화를 회복시키는 기능을 했습니다.

2011년에는 남동구 서창동에 남동구공공주말농장을 운영하였습니다. 친환경농법에 초점을 맞춰서 시민들의 환경의식과 삶의 변화를 유도했습니다. 친환경주말농장에서는 화학비료를 쓸 수 없으니까 유기퇴비를 쓰거나 음식물 찌꺼기를 퇴비화 시켜서 자원순환을 실천하게 하였습니다. 친환경농법은 비닐멀칭도 하지 않습니다. 잡초는 좀 자라지만 흙이 건강해지기 때문이죠. 친환경 공공주말농장은 안전한 먹거리와 가족단위의 여가활동 공간도 확보해줍니다. 다양한 곤충들은 자연학습장을 대신하기도 했습니다. 운영위원회를 만들어서 농장의 문제를 참여자들과 함께 해결해 나가고, 주말농사학교를 열어 텃밭농사에 필요한 것을 함께 배우며, 이웃과 관계를 맺어나가는 과정을 만들었습니다.

배진교 전 구청장 재임 때 친환경주말농장 정책을 제안했더니 간담회 자리를 여러 번 마련해줬습니다. 덕분에 도시농업의 중요성을 설명하고 소통할 수 있었죠. 공무원들은 안 해봤던 일들에 보수적인 경향을 보이기도 합니다. 도시농업을 이해하려면 공부도 해야 하니까 담당자는 솔직히 귀찮았을 겁니다. 이해시키고 설득하고 호흡을 맞추느라 친환경주말농장이 실행되는 데 오래 걸리긴 했지만, 결국 괜찮다, 잘 했다는 평가를 받았습니다.

　도시농업은 지속가능한 도시를 위해서는 필수조건입니다. 옥상텃밭은 대기오염이나 인공열의 영향으로 주변지역보다 온도가 높게 나타나는 도시의 열섬현상을 예방해줍니다. 녹색식물들이 광합성을 통해 이산화탄소는 흡수하고 산소는 계속 배출하니까 맑은 공기를 만들어 내는 숲과 같은 역할을 합니다. 도심 곳곳의 골목길마다 작물을 키우면 나무를 심은 것과 비슷한 효과를 볼 수도 있습니다. 도시의 녹지공간을 확대해가는 역할을 합니다. 30평의 옥상텃밭은 200리터의 빗물을 저장하는 역할을 합니다. 아스팔트, 콘크리트로 인해 물을 흡수할 수 있는 공간이 없어 발생하는 홍수를 예방하는 효과가 있습니다. 빗물이 한꺼번에 하수구로 유입돼서 저지대가 침수되는 것을 막을 수 있거든요.

제가 도시농업을 하는 도시농부가 된 지 11년째입니다. 그 동안 기른 여러 작물 가운데 특히 밭벼를 좋아합니다. '밭벼'라고 하면 사람들이 깜짝 놀랍니다. 벼를 논에서 키우지 무슨 밭에서 키우느냐면서 신기해합니다. 밭벼는 우리나라 토종 벼입니다. 말 그대로 밭에서 자랍니다. 키우기 어렵지 않느냐고 하는데 오히려 쉽습니다. 우리 땅에서 나고 자란 토종 종자들은 우리 땅에 맞는 유전자를 가지고 있습니다. 그래서 잡초나 해충에도 강하고 날씨 변화에도 적응을 잘 합니다. 수확량은 적은 편이지만 손이 덜 가니까 재배가 훨씬 쉽습니다. 요즘 말로 가성비가 좋습니다. 토종을 살리는 것은 단순한 경제적 문제가 아닙니다.

토종을 살리고 종 다양성이 유지돼야 생태계도 유지됩니다. GMO(유전자조작농산물)종자가 전 세계의 종자시장을 지배하면서 생물종의 다양성을 유지해 오던 토종종자를 사라지게 하고 있습니다. 우리가 종묘상에서 사서 심는 대부분의 F1종자(1세대 종자)는 씨를 받아서 다음 해에 심을 수 없기 때문에 해마다 종자를 사서 심어야 합니다. 우리 땅에서 오랜 시간 환경에 적응하면서 고유한 맛을 간직한 토종종자가 점점 사라지고 있는 안타까운 현실에서 도시농업에서의 토종농사는 종 다양성을 지키고 우리 농업의 중요성을 이해하기에 좋은 활동입니다.

앞서 말씀드렸듯이 다원적 가치를 지닌 농업이 도시로 들어오면, 도시가 살아나고 할 수 있는 것들도 많아집니다. 도시 안의 녹지가 많아지면 도시에서 산소가 발생되고, 이웃과 같이 농사를 지으면 새로운 관계와 공동체가 형성됩니다. 빗물저금통으로 빗물을 활용하고, 낙엽을 퇴비로 활용하는 자원순환센터로 쓰레기 처리비용과 환경오염을 줄일 수 있습니다.

도시농업의 생태적인 측면은 사회의 복지적인 부분과 많이 맞물려 있고 저는 인천 남동구가 생태복지도시와 멀지 않다고 생각합니다. 그래서 이곳이 도시농업의 메카로 자리잡기를 바랍니다. 도시농업의 메카가 되기 위해서는 우선 시민들이 참여하고, 도시농업을 주도적으로 할 수 있는 도시농업 공간을 확보하고 정책이 활성화돼야 합니다. 도시농업의 영역이 교육·환경·공동체·먹거리 등 다양하기 때문에 이를 뒷받침할 수 있는 정책이 나와야 합니다. 또한 상징적인 도시농업의 공간이 필요합니다. 시민들이 도시농업을 체험할 수 있고, 도시농업의 다양한 가치를 실천하는 공간이 필요한데요, 서울시가 도시농업 활성화 초기에 노들섬에 텃밭을 만들어 시민단체의 역량을 키워내고, 도시농업의 다양한 프로그램을 시민들과 함께 만들어 나간 것처럼 남동구에도 구민들이 도시농업에 참여하고 도시농업의 가치를 이해하며 다양한 프로그램을 실현할 수 있는 상징적 공간이 필요합니다.

또 중요한 것은 도시농업을 배운 도시농부가 많아야 합니다. 자원순환의 생태적 삶, 공동체의 가치, 지속가능한 도시의 미래를 함께 만들어 가는 도시농부를 평생교육과 연계시켜서 길러내야 합니다. 남동에 도시농부가 만 명만 있어도 남동이 확 바뀔 겁니다.

이 시대에 아무리 강조해도 부족하지 않은 것이 도시농업입니다. 도시농업은 현재이자 미래이기 때문입니다. 배진교 전 구청장과 많은 분들이 도시농업의 중요성과 필요성을 공감하면서 저희 인천도시농업네트워크와 함께 하시기 바랍니다.

대부분의 사람들이 좋아하는 상추는 거름을 많이 필요로 하지 않는 작물입니다. 땅의 거름을 혼자 독차지 하여 소비하지 않으면서도 사람들에게 좋은 영양분과 맛을 제공해 주는 게 상추입니다. 쌈으로 많이 먹는 상추는 다른 여러 재료들을 함께 어우러지게 하는 역할을 하죠. 병해충에도 강하고 겨울을 이겨 봄에 다시 살아나는 작물입니다. 특히 토종상추는 고유의 맛과 향이 있습니다. 상추의 이러한 성질이 배진교 전 구청장을 떠올리게 합니다.

여든 하나, 아직 대못 하나 박혀 있습니다

신동식 남동사할린센터 / 사할린경로당 회장

● 제가 배진교 전 구청장을 처음 만난 건 2010년 지방단체장 선거 때입니다.

그때는 저희 사할린경로당이 주공 아파트 5단지에 있을 때입니다. 구청장 후보로 나온 사람들이 자기가 당선되면 앞으로 무엇을 하겠다는 공약을 얘기하는 자리였습니다. 우리도 요구사항이나 하고 싶은 얘기가 있으면 할 수 있는 그런 자리였죠.

그래서 좀 크고 넓은 휴식터나 쉼터 같은 곳이 필요하다고 했습니다. 사람이 집 안에서만 살 수는 없잖습니까? 노인들도 집 밖에서 이웃들과 서로 만나고 이야기 할 수 있는 공간이 필요하다고 말했습니다. 왜냐하면 그때까지 17평 아파트를 경로당으로 사용하고 있었거든요. 580명이 말입니다.

저는 2007년에 사할린에서 우리나라로 60년 만에 영주 귀국한 사할린 동포 580명 가운데 한 사람입니다. 징용이라고 하죠? 일제시대 때 가족과 생이별을 하고 사할린으로 끌려갔었습니다.

사할린이란 곳은 예전에 러시아 정치인들이나 죄인들이 가던 유배지입니다. 사람이 거의 살지 않지만 남북으로는 948킬로미터나 되는 아주 큰 섬입니다. 그곳에 탄광이 있었는데, 석탄이 기름이 많고 질이 아주 좋아서 일본은 그걸 캐가지고 전쟁에 필요한 물자들을 조달했습니다. 모두 사람 손으로 하던 시절이었으니 채굴할 노동력이 필요했던 거죠.

징용령에 의해서 강제노동에 끌려간 우리나라 사람들이 1941년 5만 명, 1942년 11만 명, 1943년에는 12만 명에 가까웠다고 합니다. 막 잡아가서는 막 부려먹었습니다. 민족 차별대우는 말할 것도 없었죠. 총칼에 희생당한 동포들도 많고, 배고프고 힘들어서 죽은 동포들도 많습니다.

전쟁이 끝나고 해방된 후에도 사할린 강제 징용자들은 고향으로 돌아올 수 없었습니다. 1946년 미소귀환협정을 통해 일본인과 중국인은 자기네 나라로 돌아갔는데 우리는 제외됐습니다. 우리는 일본 귀국선이 들어온다는 날, 코르사코프 항구로 4만 명이 몰려갔습니다. 그런데 일본은 제 나라 사람들만 데려갔습니다.

1956년에 '일소 공동선언'으로 한국인과 결혼한 일본인과 자녀 2,345명이 일본으로 돌아갔는데, 소련이나 러시아 국적도 취득하지 않고 귀국만 기다리던 우리들에게는 아무런 소식도 오지 않았습니다. 해방되고 나서 북이나 남이나 사는 데 급급했다지만 조국에서는 우리들에게 관심을 보이지 않았습니다. 그러다가 우리는 타향에서 또 많은 동포를 잃었습니다. 지금도 코  르사코프 항구 언덕에 가면 조선인 위령비가 있습니다.

우리 사할린 동포들의 영주귀국은 1990년대 우리나라와 러시아의 국교가 정상화되면서부터입니다. 그때 '사할린 동포 영주귀국 사업'이 시작됐고, 1992년 9월에 사할린 잔류 독거노인 72명이 처음으로 영구 귀국을 했습니다. 이후에 해마다 1백여 명씩, 지금까지 약 4,500여 명이 조국으로 돌아왔지만, 사할린 동포들은 이때 또 고통을 겪었습니다.

원래 최초의 영구귀국 업무처리지침은 직계가족이 함께 귀국할 수 있도록 규정하고 있었습니다. 그런데 1995년 한·러·일 3국 업무협의과정에서 영구 귀국자격을 제한한다는 일본의 제안에 우리 정부가 동의를 해준 겁니다.

일본이 제시한 영구 귀국대상은 1945년 8월 15일 이전에 사할린에서 태어났거나, 살고 있었던 사람들입니다. 저희 같은 부모세대는 대부분 자격이 되는데 자식 세대는 그렇지 않습니다. 생각해보세요. 첫째가 1945년 8월 15일 이전 생이면 같이 귀국할 수 있고, 1946년생이거나 1945년 8월 16일생만 되더라도 자격이 안 되는 겁니다. 자식이 된다 해도 그럼 손자들은 어떡합니까? 자격요건이 돼서 할아버지 할머니랑 엄마아빠가 다 귀국하면 아이들은 누구랑 삽니까?

일본과 우리 정부가 합작해서 제2의 이산가족을 만든 거나 마찬가지입니다. 저도 딸과 아들이 하나씩 있는데 같이 못 왔습니다. 이런 경우가 한 둘이 아닙니다. 그래도 계속 오고가야 이 문제가 해결될 겁니다. 또 고향에서 생을 마감하고 싶은 게 우리들 마음이기도 하고……. 2007년에 저와 함께 온 분들 대부분이 이런 사연을 안고 있습니다.

저와 함께 온 580명은 남동구에 있는 임대 아파트 5단지와 14단지에 살게 됐습니다. 그런데 임대 아파트가 2인 1가구 구조라서 두 명이 한 조로 살아야 합니다. 집을 사람에 맞추지 않고 사람을 집에 맞춘 겁니다. 부부는 문제가 없지만, 독거이던 사람들은 여간 불편한 게 아닙니다. 같이 사할린에 살았어도 모르는 사람과 한 집에서 지내기 어렵습니다. 마음이 맞지 않아서 사할린으로 돌아가는 경우도 있습니다.

정부에서 생계보조비로 매월 50만 원 가량을 받고 그럭저럭 살고는 있었지만 사할린 동포끼리

함께 할 수 있는 공간이 없어서 참 답답했습니다. 5단지에 경로당이 하나 있었지만 580명을 수용하긴 터무니 없었고요. 그래서 2010년 구청장 선거 때 경로당을 마련해달라고 요구한 겁니다.

상당히 많은 얘기를 나눴는데요, 그 자리에서 배진교 후보가 약속을 했습니다. 언제, 어디에, 어떻게, 해준다고 아직 구체적으로 말할 수는 없지만, 우리에게 쉼터가 꼭 필요하고 빨리 필요하니까 당선이 되면 꼭 마련을 하겠다고 말이죠. 젊은 사람인데 말하는 게 깨끗했어요. 후보자들 많았는데 제 의견을 계속 물어보고 경청하는 모습이 기억에 있습니다. 팔십이 넘도록 살다보니 사람 보는 눈이 조금 생겼다고 할까요? 신뢰가 갔습니다.

그러고 나서 얼마 후에 투표를 했습니다. 난생처음 하는 투표였죠. 일제 시대 때 러시아로 끌려갔다 왔으니 투표라는 걸 해본 적이 없습니다만, 소신 껏 투표했습니다. 배진교 후보가 당선됐죠. 구청장이 되고 얼마 안 지나서 배진교 전 구청장이 우리를 다시 찾아왔습니다. 자기가 공약한 걸 실행하러

왔다고 하는데 너무 반갑고 고마웠습니다.

그때 저희가 거주하던 5단지 내에 상가 2층이 비어있는데 그곳을 임시 경로당으로 사용하면 어떻겠냐고 했습니다. 경로당으로 삼을 만한 장소를 찾아보고 있는데 아직 마땅한 곳을 못 찾았다면서요. 그러자고 했습니다. 제가 경로당 위치를 아파트 단지에서 멀지 않은 곳으로 잡았으면 좋겠다고 했습니다. 크기도 크기지만 마실처럼 다니는 경로당을 칠팔십이 넘은 사람들이 매일 버스타고 다니기는 피곤도 하고 불편하니까요.

또 저희가 사할린에서 왔기 때문에 주민등록증에서부터 여러 가지 서류도 필요하고 통역도 필요한데 개별적으로 주민센터 같은 곳에 가서 업무를 처리하기가 여간 어려운 게 아니었습니다. 주민등록증 나오는 데 1년이 넘게 걸리는 경우도 있고, 잘못하면 이중국적을 갖게 되는 경우도 생겨서 이런 일들을 전문적으로 처리할 공간이 필요했습니다. 그래서 그곳을 임시 경로당으로 삼고, 저와 부회장, 총무가 통역도 하고 복사도 하고 그런 일들을 대행하면서 이용했습니다.

11평 공간도 580명을 소화하기에는 무리가 있었습니다. 어떤 때는 서 있기도 뭐하고 앉아 있기도 뭐하고 그랬습니다. 그러다가 다행스럽게도 박남춘 국회의원이 국회에서 '사할린 동포를 위한 복합복지센터 건립예산'을 따왔습니다. 배진교 전 구청장은 또 더 열심히 경로당 할 만한 장소를 찾아다녔습니다. 단지 내에는 반대가 있어 안 되고, 경찰서 옆 자리도 안 된다하고, 소방

서 옆은 공간은 좋은데 버스를 타고 다녀야하니 멀어서 불편하고…. 그러다가 지금의 이 장소를 만난 겁니다. 공터였고 단지에서 걸어서 7~8분이면 도착할 수 있고, 여러 가지 면에서 마음에 들었습니다.

기초공사 시작하고 준공할 때까지 거의 매일 아침 7시면 이곳에 왔습니다. 제가 남동구에 사는 사할린동포회 회장을 맡고 있잖아요. 그리고 우린 이제 한 가족과 같습니다. 우리 모두가 살 집이나 마찬가지인 공간이 만들어진다니까 제 발길이 저절로 이리로 향했습니다.

공사하는 분들이 설계도상으로 건물 위쪽에 지붕을 올린다고 해서 말린 적도 있습니다. 건물에 지붕을 놓으면 다락이 됩니다. 다락이 생기면 그 안에다가는 방 한 칸도 만들기 어렵다고 들었습니다. 그런 법이 있다더군

요. 내 가족과 같은 사람들이 앞으로 평생 이용할 공간인데 그래선 안 되겠다 싶었습니다. 차라리 이 공간을 꽃밭 같은 정원을 만들거나 노인들 건강을 위해서 게이트 볼 같은 운동을 할 수 있는 연습장을 만들면 좋겠다는 생각이 들었습니다.

배진교 전 구청장이 공사장에 왔을 때 내 생각을 들려줬습니다. 나이만 많고 경험도 적은 사람이 욕심을 내는 건지는 몰라도 이러저러한 생각이 있는데 이걸 설계자들하고 얘기해서 좀 바꿀 수 있는지, 또 사전에 몇 가지 의견을 내놓고 좋은 걸 고를 수 있는지 물었습니다. 그런데 상당히 신중하고 진지하게 받아들였습니다. 그리곤 바로 구청 건축과장과 현장에서 일하는 분들을 불러서 다시 의논을 했습니다.

기존의 건물들처럼 지어서는 안 될 것 같다고, 우리 마음대로 짓는 게 아니라 이곳을 이용하는 어르신들에게 맞춰서 짓자고 했습니다. 그래서 설계도도 고치고 그랬습니다. 제 아들이 배진교 전 구청장 나이쯤 되는데 정말 아들 같았어요. 아주 든든

했습니다. 배진교 전 구청장이 많이 힘써준 덕분에 엄청 공들여서 지을 수 있었습니다.

배진교 전 구청장에게 조금 미안한 마음도 있습니다. 임기 중에 개관되길 바랐는데 일이 내 맘대로 되질 않더라고요. 마무리가 자꾸 늦춰지는 바람에 결국 2014년 선거 끝나고 7월 14일에 개관식 했습니다. 한 동네에 경로당이 두 군데 있으면 안 된다고도 하고, 건물이 구청 시설물로 들어가기 때문에 이곳은 남동사할린센터라고 부르기로 했습니다. 개관식 때 사람들도 많이 오고 굉장히 많은 분들이 축하해주고…. 아주 멋지게 치르긴 했는데 배진교 전 구청장을 곁에 세우지 못해서 참 아쉬웠습니다.

여러 가지 이유로 저는 배진교 전 구청장 못 잊습니다. 저뿐만 아니라 저희 남동사할린동포회 사람들이 다 알고 있습니다. 어디서든지 만나면 저희들 잘 있는지, 사할린센터 불편한 점 없는지 꼭 물어봅니다. 내가 정치나 그런 거 관련해서는 잘 알지 못하지만 사람이 한 가지 하는 거 보면 압니다. 잘하는 사람입니다.

남동사할린센터가 만들어진 지 올해가 4년째이고, 저는 올해로 여든 하나가 됩니다. 소원이 뭐냐고 묻는 사람들이 가끔 있습니다. 저는 고향땅 돌아왔고 또 사할린센터 잘 지어져서 잘 살고 있습니다. 네, 참 잘 살았습니다 그런데 아직 대못 하나 가슴에 박혀있습니다.
아직 사할린에서 고국으로 돌아오지 못하고 있는 동포들이 있습니다.

무려 4만 명입니다. 자기 민족을 돌보지 않고 이렇게 방치해두는 나라가 어디 있습니까? 사할린 동포들의 영주 귀국문제를 해결하기 위해서 국회의원 60명이 발의를 해서 20대 국회에 제출됐다고  합니다. 그런데 이 법안 가운데 이런 항목이 있습니다.

"자식 중 한 명만을 선택해 함께 귀국하라."는 내용입니다.

이게 도대체 무슨 소리입니까? 누굴 데려오라는 건가요? 아니 누구를 데려오지 말라는 얘긴가요? 저는 묻고 싶습니다. 열 손가락 깨물어서 아프지 않은 손가락이 어디 있습니까? 우리나라의 첫 이산가족은 일본이 만들었습니다. 두 번째 이산가족은 일본과 우리 정부가 합작으로 만들었다고 말씀드렸지요? 그런데 정부와 국회의원이라는 사람들은 또 다시, 세 번째 이산가족을 만들려고 하는 걸까요? 저는 이것이 너무나도 슬프고 아픕니다.

관직에 앉으면 첫째로 마음이 깨끗해야 합니다. 그리고 내 몸을 아끼지 말고, 남의 사정을 잘 보고, 잘 도와줄 수 있고 나눠줄 수 있어야 합니다. 배려가 있어야 합니다. 나와 남이 다르지 않다는 걸 기억하는 정치인들이 많아지길 바랍니다.

여성친화도시로 성장하는 남동구를 희망합니다

구순례 인천여성회 남동구지부장

● 인천여성회는 "배움, 소통의 성평등공동체로 일터에서, 삶터에서 차이가 차별이 되지 않는 세상을 위해 행동한다."는 사명선언에 맞춰서 여성주의를 확산시켜나가고자 만들어진 여성공동체입니다. 인천여성회의 대표적인 사업으로는 인천여성영화제를 꼽을 수 있고 구별로 지부가 구성되어 있습니다. 2008년 '일하는 여성지회'를 만들어서 노동의 관점에서 여성이 일하는 현장에서 필요한 정책 등을 고민하고 제안하는 일들을 했습니다. 2011년 말 인천여성회 남동구지부를 창립하고 활동을 이어가고 있습니다.

현재 남동구지부는 30여 명의 회원들이 열성적으로 활동을 하고 있습니다. 매월 2회 이상의 회원 소모임과 월례모임에 참여하고 있습니다. 저를 비롯해서 3명의 자원활동가들이 상근자로 있습니다. 이분들은 자원봉사와는 다릅니다. 자신의 영역에서 오랜기간 쌓아온 경력들을 소유하고 능력을 갖춘 사람들입니다. 지부를 맡고 있는 입장에서는 아주 든든한 동료들입니다.

어느 조직이나 리더가 고민하는 부분들에 사업이 집중되는 경향을 띱니다. 인천여성회 또한 지부장의 관심영역이 어디에 있느냐에 따라 프로그램이나 운영방식이 지부별로 조금씩 차이가 납니다. 저희 남동구지부는 부설기관으로 '와글와글 작은도서관'과 '협동조합 인천나눔돌봄센터'가 있습니다.

협동조합을 만들게 된 계기는 다음과 같습니다. 경력단절 여성들이 가장 많이 집중되는 곳이 요양현장이었습니다. 장기요양제도 시행1년차에 자격증에 도전하였습니다. 그리고 함께 고민하던 사람들이 모여서 1년여 협동조합에 대한 학습을 진행하고 발기인이 되어 협동조합을 만들었습니다. 협동조합을 운영하면서 자연스럽게 장기요양제도들을 접하게 되었습니다. 현장에서 종사하는 분들의 처우와 제도가 잘 정착하기 위해 어떤 제도적인 보완이 필요한지에 대해 고민하게 되었습니다. 자연스럽게 요양보호사들의 권익단체 활동도 하게 되었습니다.

와글와글 작은도서관은 주민들의 소통공간으로 역할을 톡톡히 하고 있습니다. 주민들은 마을의 작은 도서관에 편하게 와서 책을 볼 수도 있고, 마을의 축제나 도서관에서 마련한 행사에도 참여하게 됩니다. 그러다보면 자연스럽게 공동체가 형성됩니다. 와글와글 작은도서관은 2013년도에 문을 열었습니다. 거주시설 가까운 곳에 있기 때문에 쉬운 접근성을 바탕으로 마을 주민들이 쉽게 찾아와 어울리는 마을의 사랑방 같은 역할을 합니다. 단순히 책을 읽는 공간에서 벗어나 주민을 위한 영화상영, 책 읽는 어른모임, 부모교육 프로그램과 방학을 이용한 다양한 마을학교가 열리기도 합니다.

도서관은 다양한 연령층이 쉽게 드나들 수 있는 곳입니다. 전래놀이를 하면 그것에 관심 있는 유아나 초등 저학년 자녀를 둔 학부모님들이 주로 오고, 부모교육은 초등고학년에서 중학교 1학년 정도까지의 자녀를 둔 학생과 학부모가 옵니다. 또 인문학 강연을 하면 더 넓은 연령대의 분들이 옵니다. 어떤 것을 목표로 두느냐에 따라 찾아오는 분들의 연령대나 성향이 다릅니다. 한 가지 분명한 것은 혼자 오는 경우는 거의 없다는 점입니다. 아이가 오면 부모나 조부모가 따라옵니다. 아이나 어른 모두 친구를 데려오기도 합니다. 그런 점에서 볼 때 와글와글 작은 도서관은 소통과 공동체 문화 형성이라는 두 마리 토끼를 모두 불러왔다고 봅니다.

인천여성회의 회원이 되면 월 1회의 공동체 모임에 참여해야 합니다. 여성회 안에 동아리활동도 있는데요, 회원전체가 1인 1동아리 원칙이 있습니다. 그러니까 일단 회원이 되면 월 2회 이상 회원모임에 참여하게 됩니다. 회원활동은 서로의 상황을 반드시 고려해야 합니다. 가령 마을 공동체 축제를 한다고 하면, 저를 비롯한 상근 자원활동가들은 기획을 하고, 실제 준비 과정은 오전 팀과 오후 팀으로 나눠서 일거리를 분산시킵니다. 그러면 회원들 한 사람 한 사람이 내가 직접 참여한다는 생각과 다른 사람과 연결돼 있다는 느낌을 가질 수 있습니다. 결국 다같이 준비하는 축제가 됩니다. 빨리 하지 않아도 됩니다. 회원들의 이해와 요구를 봤을 때 너무 무리다 싶으면 한발 쉬어갑니다.

놀맘

안전마을

　서로 간에 속도를 조절하면서 활동하다보니 저희 남동구지부만이 가질 수 있는 건강성을 갖춰가고 있다고 자부합니다. 얼마 전 2017년 사업평가를 하는 자리가 있었습니다. 남동구지부 강점을 이야기 해달라고 했을 때 "서로를 챙겨주고 생각해 주는 마음이 따뜻해서 늘 감사하다." "소속감을 느끼게 해준다." "서로의 자존감을 높여준다." "평등한 관계의 공동체" "개성이 뚜렷하면서도 조화를 이루며 맞춰나가는 모습이 좋다."라는 이야기들이 오고 갔습

나눔장터

니다. 이런 회원들의 자부심은 저의 자부심이기도 합니다.

인천여성회가 준비하는 운영프로그램은 여성주의를 지향합니다. 본회와 연결해서 영화제를 준비하거나 참여하고, 사회적으로 이슈가 되는 여성주의 책을 읽고 토론을 하기도 합니다. 또 성교육이나 성평등강사단 등을 양성하는 교육도 합니다. 우리가 지향하는 공동체에서는 성평등이 반드시 있어야합니다. 성평등강사단은 여성의 노동력과 사회진출, 육아와 부모교육, 육아 후 사회로의 복귀 등 여성의 사회적인 지위를 바로잡는 데 필요한 교육과 강연을 합니다.

인천여성회 활동을 하면서 보람을 느끼는 일들이 종종 있습니다. 20대 초반 성당청년회활동을 같이 했던 친구와 재회하면서 있었던 일입니다. 학교를 졸업하고 저는 사회운동을 했고 그 친구는 직장생활과 육아에만 전념했습니다. 아이를 어느 정도 키우고 나서 친구가 여성회 활동을 할까 말까 고민을 하더군요. 성당청년회

요양보호사 협동조합

회장을 했던 친구라 일을 시작하면 열심히 해야한다는 부담감을 가진 사람입니다. 성평등강사단 모임을 하면서 자신없어 하는 모습을 보일 때 마다 설득을 했습니다. 결혼하고 직장생활과 육아로 경력이 단절되었던 수많은 여성들이 사람들 앞에 나서서 강의를 한다는 것이 쉽지는 않은 일입니다. 그 뒤로도 한두 번 위기를 넘기고, 어느 날 부모들 대상으로 강의를 하는데 깜짝 놀랄 정도로 잘 하더라고요.

협동조합 시설장으로 있는 회원은 국회의원 실에 가서 장기요양현장에 필요한 정책을 요구하고 왔는데 우스갯소리로 "내 생전에 국회의원이 내 얘기를 들어줄 날이 있으리라고는 꿈에도 생각 못 했다."고 하던 모습이 떠오릅니다. 자기만의 공간에 갇혀 있다가 공동체와 손잡고 성장하는 모습을 보면서 뿌듯함을 느낍니다.

배진교 전 구청장님과 일할 때도 새로운 경험을 했습니다. 주민참여예산제도를 통해서 예산을 어디에, 어떻게 쓸지에 대한 교육을 많이 했습니다. 주민들이 토론을 통해서 우리동네에 시급히 해결해야 할 사업의 우선순위

를 결정했습니다. 민원인으로 드나들었던 구청을 주민교육의 장으로 활용을 하면서 자연스럽게 남동구 주인임을 인식하게 되었고 주민센터 공무원들과 간극도 많이 좁혀졌습니다. 동별로 의제들을 특화하는 과정에서 여성과 아동도 안전한 마을 만들기 사업을 할 때 전문가로 참여하여 길잡이를 하기도 했습니다. 특정한 영역에 필요한 지역자원을 연계해서 문제를 풀어가는 것도 좋은 경험이었습니다. 또한 구청에서 위탁사업으로 시작했던 자원순환 나눔장터는 배진교 전 구청장이 구현하고 싶었던 자원활용을 통한 지역주민 간 소통을 갖는 자리가 되기도 했습니다. 그 사업을 통해 여성회 회원들은 환경의 소중한 가치를 알게 되었고 일회용품을 쓰지 않는 실천을 이어가고 있습니다.

지난 임기 때 다 이루지 못한 일들이 많을 것으로 짐작합니다. 앞으로는 30대 여성들의 육아문제에 대해서 함께 고민해주셨으면 좋겠습니다. 우리사회는 육아가 온전히 엄마에게만 맡겨져서 사회문제로 나타나고 있습니다. 아이는 우리 사회가 함께 키워야 합니다. 지역 육아멘토나 공간, 교육 등이 마련되어서 아이를 키우기 힘들어서 출산을 꺼리거나 취업을 포기하거나 사회와 단절이 되는 일이 더 이상 반복되지 않았으면 합니다. 지자체에서 30대 여성들의 사회로의 진출을 위한 기회를 많이 만들어주기를 바랍니다.

인천여성회 남동구지부가 올해 일곱 살이 됩니다. 지난 6년을 돌아보니 어려운 시기가 있었습니다. 비영리로 운영되는 시민사회단체들은 재정이 열악해서 많이들 어려워합니다. 저희 단체도 마찬가지 처지입니다. 건물주가 은행대출을 받았다가 갚을 능력이 안 되는 바람에 건물이 경매로 넘어가 보중금을 받을 수 없는 상황이 되었습니다. 어쩔 수 없이 주변에 상황을 알리고 도움을 요청하는 후원주점을 열었습니다. 연말이라 사람들이 많이 올까 싶었는데 사정을 알고 많은 분들이 도와주어 위기를 넘길 수 있었습니다. 함께 해주신 분들의 고마운 마음을 지역에서 열심히 활동하는 것으로 빚을 갚고 있습니다.

우리가 이렇게 건강하게 유지될 수 있는 이유는 그동안 지역사회와 함께 했고, 또 사회를 건강하게 바라보는 회원들이 함께 하기 때문이라고 생각합니다. 남동구에는 새터민, 사할린 동포, 공단 근로자, 이주여성 등 다양한 여성들이 살고 있습니다. 대한민국의 축소판입니다. 그러다보니 해결해야할 여성 관련 사회적 문제들 또한 많습니다. 우리나라에는 여성친화도시로 손에 꼽을 만한 도시가 없습니다. 여성들이 살기 좋은 도시가 될 수 있도록 고민 해 주었으면 좋겠습니다.

커피, 쿠키, 그리고 우리

김영실 (주)위더스 함께걸음 대표

● 커피 좋아하세요? 저는 무척 좋아합니다. 사실 저는 커피를 한 잔도 마실 줄 모릅니다. 하지만 커피를 좋아하고 원두커피를 판매하고 또 카페도 운영합니다.

카페이름은 (주)위더스 함께걸음입니다. 언제부턴가 우리나라도 커피 애호가가 많아져서 고객들의 취향이 무척 다양하고 높아졌는데요, 다행히 저희 커피가 맛있다는 분들이 점점 늘고 있습니다. 물론 단골손님도 꽤 많습니다. 저희 카페에 커피 로스팅 전문가가 계신데요, 이 분의 커피 원두 로스팅 기술은 현재 여러 카페와 대형 외식사업체들과 계약을 맺고 납품될 정도로 정평이 나 있습니다. 손님들이 용케 전문가의 손맛을 알아내신 것 같습니다.

커피와 함께 저는 쿠키도 좋아합니다. 베이커리 전문 쉐프의 지휘 아래 매일 버터, 크림치즈, 오트밀, 초코 등 6가지 맛의 수제쿠키를 만들고 판매도 합니다. 커피 원두는 직접 로스팅 하더라도 쿠키는 저희와 계약을 맺고서 고정적으로 가져다가 판매하는 카페도 많습니다. 저희 쉐프님이 자긍심을 가지고 만드는 만큼 맛이 좋기 때문이 아닐까 합니다. 아직 온라인 판매를 시작하진 못했는데요, 이 부분을 도와줄 분이 나타나면 아마도 더 많은 쿠키를 구워내야 하지 않을까 싶습니다.

저희 카페에는 총 6명의 직원이 있습니다. 전문 바리스타와 쉐프. 영업이사까지 비장애인이 3명이고 장애인 직원이 3명입니다. 직원의 약 50% 이상이 장애인으로 구성된 (주)위더스 함께걸음은 발달장애인의 일자리 창출을 위해 만들어진 사회적기업입니다.

우리나라 정부에 등록된 전체 장애인구 가운데 약 10%정도가 발달장애인입니다.

발달장애의 원인은 규명이 어렵습니다. 원인미상이 훨씬 많아요. 때로는 출생 후에 어떠한 원인으로 인해 자폐성 장애가 생기기도 한다고 알고 있습니다. 개인차가 있지만 일상생활이나 사회생활을 수행하는 데 어렵고 불편한 부분이 많습니다. 그렇기 때문에 발달장애인들은 평생 교육이 이어져야 하고 사회, 문화적으로 안정적인 자립 환경과 지속적인 지원활동이 이어져야 합니다.

　유아기와 아동기, 청소년기까지는 그래도 특수학교나 학급을 통한 교육이 이뤄집니다. 남동구에도 장애인 특수학교가 유치원부터 초, 중, 고 그리고 전공과까지 있습니다. 전공과는 2년제 직업교육기관입니다. 전공과는 취업을 위한 직업교육과정인데 실제로는 그렇게 되질 않습니다. 생산력이 현저히 떨어지는 장애인을 고용하느니 과징금을 내고 마는 경우가 많아서입니다. 다시 말해서 발달장애인을 위한 성인기 교육시설도 전무하지만 직업을 가진 장애인도 전무하다는 얘기입니다. 그러니까 발달장애인들은 학교교육을 마쳐도 사회로의 진출이 매우 어렵습니다. 거의 단절이라고 볼 수 있습니다. 그래서 성인기 발달장애인들은 학교 졸업과 동시에 사회로 나아가는 것이 아니라 다시 집으로 돌아오게 됩니다.

　저희 둘째 아들도 발달장애인입니다. 지적장애1급이고 뇌병변장애 중복입니다. 겉으로 보기에는 괜찮은데, 언어능력과 인지는 다른 친구들에 비해 좋을지 모르겠으나 기능에서는 다른 친구들에 비해 현저히 떨어집니다. 특히나 일상생활 기능이요. 장애인복지관에서 전공과 과정을 다니던 중에 심한 스트레스로 인해서 문제행동이 너무 심했던 적이 있습니다. 복지관마저도 다니지 못하고 병원에 입원했다가 퇴원하고 집에 있을 때, 초등학교 때부터 잘 알고 지내던 정종기 대표님이 (주)위더스 함께걸음 카페사업을 하면서 저희 아들을 데리고 바리스타 교육도 시키고, 심부름도 하면서 아이가 즐겁게 다니기 시작했습니다. 그때가 2010년이었는데요, 커피 바리스타 교육을 받으면서 취업까지 했습니다.

지금도 같이 활동하는 정종기 이사님이 원년 멤버입니다. 발달장애인들에게 다양한 기회를 제공하고 계속 성장할 수 있게 하려면 교육 패러다임을 바꿔야한다는 생각이 자연스럽게 카페를 운영하는 것으로 이어졌다고 합니다. 그래서 2009년 5월에 사회적기업 인증을 받았고, 2010년부터는 남동구에서 자리를 잡게 됩니다.

당시에는 남동구에 사회적기업이 없었다고 합니다. 그래서 사회적기업을 늘리고 인식을 확산시키자는 의견을 구청에 제시를 했더니, 배진교 전 구청장님이 이 제안을 흔쾌히 받아들였다고 합니다. 뿐만 아니라 구청 안에 사회적기업 홍보관을 설치하고, 그 안에 카페를 접목시키자는 구상까지 하게 됐다고 합니다.

그 즈음에 저희 아들이 이곳에 교육을 겸한 취직을 한 것입니다. 남동구청 카페에 출근하기 시작하면서부터 아마도 구청장실에 수시로 드나들었던 것 같습니다. 어느 날 비서실에서 청장님과 함께 찍은 사진을 보내주셨습니다. 귀찮다 않으시고 수시로 드나들어도 반가이 맞아주시고 또 사진까지 찍어서 보내주서서 얼마나 놀랐는지 모릅니다. 감동이었죠.

저희 아들도 구청장님이 자기를 좋아한다고 생각하고 그랬던 것 같습니다. 편안함을 느꼈겠죠. 발달장애인과 지속적인 관계를 유지하기가 그리 쉬운 일은 아닙니다. 이 일은 제가 배진교 전 구청장님을 다시 보게 되는 계기가 됩니다.

이후에도 장애인 부모회 활동을 하느라 구청이나 구청장님께 수시로 전화를 드릴 일이 있었는데 그때도 역시 거절하신 적이 없습니다. 저희 아이와 저, 그리고 부모회 사람들을 대할 때 진솔함이 느껴졌습니다. 사람냄새라고 하죠? 그런 것을 많이 느꼈습니다.

특히 앞에서도 말씀드렸듯이, 발달장애인들이 성인기가 되면 갈 곳이 없기 때문에 주민센터에 교육프로그램을 만들어 달라고 건의를 했던 날이 지금도 생생하게 기억납니다. 발달장애인들의 접근성이 좋은 곳에 발달장애인들을 위한 프로그램이 만들어지면 다양하게 참여할 수 있습니다. 그래서 부모회 분들과 구청장님을 찾아뵙고 그렇게 요청을 드렸더니 직접 장애인 복지과장님과 정책담당자 모두 행정실로 모이게 했습니다. 저희와 함께 그 자리에서 회의를 하더니 바로 주민센터마다 프로그램을 개설하도록 만들어주셨습니다. 방송 댄스, 노래교실, 미술교실, 농구, 태권도 등등 여러 프로그램이 개설됐는데요, 제가 알기로는 그때 만들어진 프로그램이 아직도 전국에서 남동구에 가장 많을 겁니다.

짧은 시간이었지만 아이를 키우면서 처음 겪은 일이었습니다. 그동안 알게 모르게 쌓여왔던 부모로서의 책임감이나 사회에 대한 답답함이나 목마름 같은 것이 해소되는 느낌이었습니다. 정말 깜짝 놀랐습니다. 한 사람의 가치관이 세상을, 그리고 발달장애인과 부모까지 여러 사람의 삶을 이렇게 달라지게 할 수 있다는 걸 깨달았습니다. 아이 덕분에 제가 팬이 됐고, 남편이, 그리고 우리가족 모두 배진교 전 구청장님의 열렬한 팬입니다.

그런데 2014년에 배진교 전 구청장님이 낙선하고 구청장이 바뀌니까 구청 안에 있던 카페도 나가야 하는 상황이 되었습니다. 평생교육관으로 이전

하기로 얘기가 됐었는데 어느 날 한순간에 없던 얘기가 됐습니다. 카페가 쫓겨나다시피 구청에서 나오게 됐습니다. 한 지역구를 이끌어가는 구청장의 마인드가 이렇게 다르고, 없던 것들을 만들기도 하지만 있던 것도 없어지게 만들 수 있다는 걸 또 알게 됐습니다. 참 아이러니한 경험이었습니다.

저는 배진교 전 구청장님이 일하시는 동안 위로도 많이 받았지만 세상을 바라보는 눈과 마음속에 많은 힘을 키울 수 있었다고 생각합니다. 그래서 2015년 초반에 (주)위더스 함께걸음이 문을 닫아야 할 상황에 놓였을 때,

물론 저희 아이가 출근하는 직장이 없어지는 상황이기도 했지만, 우리 사회를 건강하게 지속시킬 수 있는 플랫폼과 같은 곳들이 사라져서는 안 된다고 마음먹게 되었습니다. 배진교 전 구청장님이 재직하는 동안 보고 느끼고 만났던 사람들과 경험들을 바탕으로 카페 인수를 결정하고, 대표를 맡아 지금에 이르게 됐습니다.

현재 (주)위더스 함께걸음은 남동체육관 1층 10번 게이트 안쪽에 자리하고 있습니다.

발달 장애인을 위한 프로그램이 많지 않기 때문에 이곳에 오고 싶어 하는 사람들이 많습니다. 현재로서는 저희와 같은 카페 프로그램만 있다 보니 부모님들이 이 일만 시키고 싶어 하는 경우도 있습니다. 자리는 한정돼 있고 카페일이 또 빨리빨리 해야 하는 부분도 있어서 개인차를 고려해서 직원을 채용할 수밖에 없기도 합니다.

저희 카페 장애인 직원들과 부모들은 오전부터 오후까지 일하기를 원하는데 저는 생각이 조금 다릅니다. 발달장애인들은 지속적인 교육이 이어져야하기 때문에 오후에는 교육프로그램을 받으라고 권합니다. 실제로 그렇게 하고 있고요. 그래서 오전과 오후로 나눠서 두세 시간씩 근무를 합니다. 퇴근 후에는 주민센터를 이용해서 다양한 프로그램에 참여하게 된다면 장애당사자에게도 가족들에게도 삶이 즐겁지 않을까 생각합니다.

카페에서 음료 주문을 받고 직접 메뉴를 만들고 서비스 하며 포스를 통해 계산까지 합니다. 또한 쿠키를 포장하고, 스티커를 부착하고, 로스팅 된 원두를 계량하는 작업, 규격봉투에 담는 작업까지 단순하지만 필요한 작업을 우리 친구들이 해냅니다. 쿠키를 포장하는 단순한 업무도 있어서 기능이 좋지 않은 분들도 취업이 가능합니다.

저희 회사에서는 제과제빵 체험과 바리스타 체험과 직업교육을 실시합니다. 중·고등학교의 특수학급이나 특수학교 친구들이 학기별, 분기별 직업체험도 하고 있지만, 자유학기제에 따른 비장애 학생들이 동아리 활동으로도 다양하게 참여합니다. 사업의 대상을 발달장애인로만 한정시키지 않는 이유는 사회통합, 특히 소외계층의 사람들이 연대하기를 바라는 마음에서입니다. 노인, 장애인, 청소년, 그리고 다문화가족 등 사회적 약자들이 그야말로 함께 걸음하기를 바라고 뜻이 같다면 연대가 만들어졌으면 좋겠습니다.

발달장애인과 가족들뿐만 아니라 남동체육관으로 운동을 오거나 근처를 지나게 되면 누구든지 편하게 찾아주시기 바랍니다. 착한 가격에 커피와 쿠키를 즐기실 수 있습니다.

커피 원두를 최고의 향이 날 때까지 로스팅하고, 수제쿠키를 바삭하고 고소하게 구워내는 은근하고 뜨겁고 따뜻한 마음 그대로 저희 (주)위더스 함께걸음이 언제든지 기다리겠습니다.

주민참여예산제도의 부활을 기대합니다

신길웅 인천시아파트연합회장

● 주민참여예산제도는 지방자치단체가 독점적으로 행사해 왔던 예산편성 과정에 해당 지역주민들의 직접 참여를 보장하는 제도입니다. 주민이 예산 편성과정에 참여하면 재정이 투명하게 공개되고, 공정하게 운영되며 효율성이 보장됩니다. 그래서 주민참여예산제도는 유엔에 의해 '세계 40대 훌륭한 시민제도'로 선정되기도 했습니다.

2010년 7월 1일, 배진교 전 구청장이 취임하고 나서 우선적으로 추진한 일 가운데 하나가 주민참여예산제도입니다. 행정을 공무원들이 집행하면 주민들은 계속 수혜대상자로만 머물지만, 정책결정에 주민들이 직접 참여하면 주민들이 행정 주체가 될 수 있다는 얘기입니다.

주민참여예산제도는 주민 한 사람 한 사람의 의견에서부터 시작됩니다.

각 동별로 선출된 10명의 동 위원들은 주민들이 제안한 안건을 각각 10개 정도씩 모아옵니다. 남동구에 총 19개의 동이 있으니까 모두 190개의 안건이 모이겠죠.

이렇게 모인 안건들은 토론을 통해 중요하고 요구가 시급한 순으로 주민총회 안건으로 상정됩니다. 그리고 나서 몇 차례의 조정절차를 거쳐서 각 동별로 3개 정도의 안건이 수렴됩니다. 남동구에서만 일 년에 약 50~60개 정도의 주민안건이 시행됐습니다.

처음에는 행정을 담당하는 공무원들의 반발이 만만치 않았습니다. 구청 예산총회가 있던 날 엘리베이터를 탔는데, 같이 탄 공무원 두 분이 "뭐 이런 걸 하지? 예산을 우리가 결정을 해야지, 왜 주민들이 해?"라고 얘기하는 걸 들은 적이 있습니다. 행정에서 주민들은 여전히 대상이고 결정은 공무원이 하는 거라는 관행과 생각이 남아있는 겁니다. 새로운 정책을 정착시키려고 하는데 내부에서 아직 준비가 안 돼 있었다는 반증이기도 합니다.

주민들도 의아해했습니다. 주민참여예산제도라는 말도 낯설지만 무엇을 어떻게 참여할 수 있는지 그동안 봐온 적이 없었기 때문입니다. 우리나라에서 이 제도를 처음 시행한 자치단체가 광주시 북구입니다(2004년). 제도 자체가 의무화 된 것도 2011년 3월 8일 개정된 지방재정법을 통해서입니다. 그렇다보니 주민들은 그동안 주민참여예산이라는 제도 자체를 접할 기회가 없었던 겁니다.

제도를 시행하기에 앞서서 우선적으로 필요했던 것이 주민참여예산제도에 대한 명확한 이해였습니다. 그래서 주민참여예산연구회라는 구청 산하 기구를 하나 마련했습니다. 구청에 4명의 전문연구위원을 두고 주민참여예산제도를 지원하도록 한 겁니다. 각 동으로 파견을 나가서 동 위원이나 주민들에게 이 제도에 관한 교육을 했고, 때에 따라서는 동 총회에 참관해서 문제가 발생하면 참고 되는 얘기를 나누는 방식으로 운영됐습니다. 주민참여예산연구회는 주민참여예산제도에 대한 주민들의 참여와 이해도를 높이는 데 큰 기여를 했습니다.

제일 처음 열었던 주민총회는 만수동 나무공원에서였습니다. 이 총회는 예산이 편성된 총회가 아니었기 때문에 동 위원들이 직접 발품을 팔아서 비용을 마련했습니다. 만원씩 혹은 오 만원씩 등 주민들이 직접 돈을 모았습니다. 비용을 줄이기 위해 무대도 트럭으로 빌려와 직접 설치까지 했습니다.

총회의 형식도 다채로웠습니다. 탁자를 두고 마주하는 식이 아니라 문화제 형식으로 준비했습니다. 어린이집, 태권도장, 댄스학원, 주민자치센터프로그램 등 동네에 있는 많은 인적자원을 모아서 공연도 하고 전시회도 열었습니다. 만수 1동 나무공원에서 진행했는데요, 주민들이 직접 준비를 하고 또 주민들이 직접 참가하고 관람했습니다. 유치원이나 초등학교 어린이들이 공연을 하면 부모나 친척들이 구경하러 오잖아요? 그런 식으로 동네 사람들이 자연스럽게 광장에 모이도록 했습니다.

총회는 그 과정 안에서 진행됐습니다. 나무공원에서도 눈에 잘 띄는 넓은 공간에 동 위원들이 모은 10개의 안건이 각각 설명된 큰 보드판 10개를 세워두고, 그 앞에 투표함도 10개씩 마련해뒀습니다. 주민들은 자기 이름을 말하고 3개의 투표용지를 받은 다음에, 자기가 생각할 때 가장 우선순위라고 생각되는 안건에 투표를 하는 겁니다. 이렇게 문화제 형식으로 준비한 주민총회에 만수 1동 주민 800여 명이 참여했습니다. 굉장히 풍성한 자리였습니다.

그때 추려진 안건이 3가지 있었는데, 삼환아파트 진입로 일방통행실시가 1위였습니다. 주차공간이 부족하니까 주차라인은 한쪽에만 있는데 저녁시간만 되면 양쪽에 주차를 해서 양방통행공간이 없어지는 곳이었습니다. 퇴근시간 전후로 주변 도로가 교통체증이 생길 정도로 상황이 심각했습니다.

　이 문제를 개선해야겠다는 생각이 많았기 때문에 안건으로 채택이 됐던 겁니다. 양방통행이 일방통행실시로 바뀌었고 주차공간도 양쪽으로 마련돼서 주민 만족도가 높았습니다. 이 안건을 처리하는 데 든 비용이 500만 원입니다. 도로바닥에 일방통행로임을 명시하고 주차라인을 새로 그리는 데 사용한 비용 등이 거의 전부였습니다. 이러한 문제는 동네 주민들이 가장 잘 알고 있는 사안이기 때문에 문제해결도 빠르게 진행됐다고 봅니다.

　두 번째는 도로에서 인도로 진입하는 경계석을 없애거나 낮춘 일입니다.
　만수 1동에 먹자골목이란 곳이 있는데요, 그 지역 음식점 문턱을 없애거나 램프라고 해서 휠체어나 유모차가 잘 지나갈 수 있는 경사로로 바꾸기로 한 겁니다. 장애인복지재단을 통해서 경사로를 설치하면 지원을 받을 수 있어서 그쪽과도 연계를 했고요, 도로에서 인도로 진입하는 부분 경계석도 없애거나 최대한으로 낮추었습니다. 만수 1동에 장애인자립생활센터와 장애인들이 많이 사는 임대아파트가 있어서 상정된 안건이었는데, 사실 길이나 건물입구의 이런 턱들이 휠체어에만 불편한 게 아닙니다. 유모차도 걸려서 사고가 나는 경우가 있고, 노인들에게도 위험합니다.

　그래서 '이동약자가 편안한 마을 만들기'란 테마로 진행했습니다. 특히 이 안건은 중학생들도 대거 참여할 수 있었습니다. 방학을 맞은 학생들에게 봉사활동 점수를 인정해주는 프로그램으로 짜서 마을지도 그리기를 완성했습니다. 그 과정에서 장애인들이 불편을 느끼는 일들은 사실 비장애인들

신길웅 위원장과 배진교 청장

에게도 불편하고 위험하다는 인식개선도 일어났습니다.

    이 외에도 가로수 주변에 쓰레기가 쌓이는 것을 방지하기 위해서 주변에 꽃을 심은 경우도 있고, 노인들이 길을 가다가 잠시 쉬어갈 수 있는 벤치를 250미터마다 설치한 일도 기억납니다. 이러한 과정에서 주민 여러분이 누구보다 기뻐하고 많이 달라졌습니다. 다른 곳에는 없는데 우리 동네에는 있다는 점, 주민들이 직접 참여하고 결정해서 해결했다는 점에서 자부심이 생긴 겁니다.

    어떤 정책이든 시행되기까지는 우여곡절이 많은데, 배진교 전 구청장은 늘 적극적인 자세를 취했습니다. 물론 남동구에 그동안 여러 시민단체와 시민활동가들이 쭉 있어왔다는 점도 한 몫을 했을 겁니다. 그래도 정책 실행의 주체로 나설 수 있는 조건이 마련되지 않으면 마찰만 계속 됐을 텐데 배진교 전 구청장은 주민참여예산제도를 통해서 이 부분을 해소시킨 겁니다.

예산위원과 보직 간부들을 만나면 주민의견이 제대로 반영될 수 있도록 열린 마음이 되어야한다고 강조했습니다. 원래 격 없이 사람을 대하는 성품이기도 했지만 본인 스스로 구청장실을 개방하고, 누구든지 의견을 직접 건의할 수 있도록 열린 자세로 행정에 임했기 때문에 서로 신뢰도가 높아졌다고 봅니다.

이렇게 민·관 거버넌스 협력관계로 자리를 잡은 주민참여예산제도가 2014년 6·4지방선거를 거치면서 큰 타격을 입었습니다. 다른 지자체에서는 주민참여예산제도를 강화하거나 신설하는 마당에 남동구는 오히려 주민참여예산제도를 축소·폐지했기 때문입니다. 다른 지역에서 벤치마킹을 해갈 정도로 잘 시행되고 있는 제도를 더 장려하고 발전시키지는 못할 망정 안 하겠다고 하니 주민참여예산위원회를 비롯한 관계자들이 가만히 있었겠습니까? 아마 주민들도 마찬가지였을 겁니다. 자부심이 무너졌는데…. 그때 '구청장 한 사람 바뀐다는 게 이런 거구나…'라는 얘기 참 많이 들었습니다.

주민들의 참여로 활성화되었던 주민참여예산제도를 되살리는 것은 물론이고 남동의 고도화 사업이라든지, 환경문제, 개발문제 등 전반적인 비전을 적절한 시기에 짚어가면서 좋은 결과 이루시기를 바랍니다.

달하 노피곰 도다샤 어긔야 머리곰 비취오시라
군인의 꿈을 접다
민주주의를 배운 '국립인천대학교'
죽음을 넘어, 시대의 아픔을 넘어
'노동'이 아름다운 세상을 꿈꾸며
시민단체에서 현실정치로
시민주권을 향한 책임정치로!
네 번의 패배와 한 번의 승리, 그리고 또 한 번의 패배

III

고갯길 넘어
한 걸음씩

달하 노피곰 도다샤
어긔야 머리곰 비취오시라

● '온 동네가 떠나갈 듯, 울어 젖히는 소리'와 함께 내가 태어난 곳은 전북 정읍 태인면이다. 한때 잠시 '정주시'로 불렸지만 우리 고장 사람들은 삼국시대부터 내려온 정읍이라는 옛 이름을 더 좋아한다. 삼국시대라고? 그렇다. 정읍은 나의 고향인 동시에 학창시절 열심히 암송했던 '정읍사'의 고향이기도 하다.

달하 노피곰 도다샤

어긔야 머리곰 비취오시라

어긔야 어강됴리

아으 다롱디리

져재 녀러신고요

어긔야 즌되를 드되욜셰라

어긔야 어강됴리

어느이다 노코시라

어긔야 내 가논되 졈그롤셰라

어긔야 어강됴리

아으 다롱디리

'정읍사'는 한글로 기록되어 전하는 유일한 백제의 향가이자 한글로 기록되어 전하는 가요 중 가장 오래된 것이다. 이로써 미루어 짐작할 수 있듯이 정읍은 최소한 삼국시대부터 향가를 쓰고 불렀을 만큼 문화가 융성했던 지역이다. 비록 지금은 인구절벽 소리를 들을 만큼 많이 줄었지만, 한때 일만 호가 넘을 정도로 사람과 물자가 넘쳐났다.

유치원 선생님과 함께

역사가 깊은 만큼 문화유적도 많다. 그중에서도 특히 동학농민혁명의 기치를 높이 올렸던 황토현 유적지를 가장 먼저 꼽을 수 있다. 역사학도뿐 아니라 수많은 답사객들의 발길이 연중 끊이지 않는다. 동학혁명을 이끈 전봉준의 본적지 역시 나와 같은 태인이다.

'태인'으로 범위를 더 좁혀 보면 '호남지방 으뜸 정자'로 꼽히는 피향정이 가장 먼저 떠오른다. 통일신라 시대 태인 현감을 지낸 최치원이 세운 것으로 알려져 있는데, 사실 최초의 건축 시기는 확실하지 않다. 피향정은 여러 차례 중수를 거쳐 오늘날에도 옛 태인면사무소 옆에 온전하게 남아있다.

조선시대 최초의 한글 가사 '상춘곡'을 지은 곳으로 알려진 무성서원도 놓칠 수 없다. 단종이 왕위를 빼앗긴 뒤 벼슬을 버리고 고향인 태인으로 내려온 정극인의 작품이다. 정극인과 최치원 등 여러 유학자들을 모신 무성서원은 호남에서 가장 규모가 큰 사액서원으로 대원군이 전국의 서원을 철폐할 때에도 건드리지 못했던 곳이다.

초등학교 옆이자 내가 살던 곳 바로 위에는 조선 세종 때 공자를 기리기 위해 세운 향교 '대성전'이 있다. 어린 시절 대성전은 코흘리개들의 훌륭한 놀이터가 되어주었고 신나게 뛰어놀던 기억이 아직도 생생하다. 학교 정문 옆에는 조선시대 이순신 장군이 집무를 보던 동헌도 복원되어 있다.

지난 2014년 '행복한 동행'이란 음반을 내면서 내 고향 정읍에 대해 나는 다음과 같이 썼다.

> "2014년 갑오년, 올해는 동학농민운동이 일어난 지 120년이 되는 해이다. 내가 태어난 곳은 동학농민운동의 시원지인 전라북도 정읍이다. 1894년, 보국안민의 기치를 높이 들었던 동학농민운동이 시작된 지 120년이 지났지만 지금도 '민생문제'를 해결하지 못하고 있으니, 역사는 언제나 현재진행형이 아닌가 싶다."

지정학적으로 보면, 정읍은 또한 광주로 연결되는 주요 통로이기도 하다. 1980년 광주 5·18민주화운동 당시 광주가 봉쇄되면서 버스와 열차는 정읍까지만 운행되었다. 따라서 대부분의 사람들이 정읍에서 내려 택시나 다른 운송수단을 통해 광주로 들어갔는데, 광주의 실상이 널리 알려진 데에는 이분들의 공이 컸다. 지난해 큰 화제를 몰고 왔던 '택시운전사'라는 영화 덕분에 광주의 진실을 세계적으로 널리 알린 독일 기자 '위르겐 한츠페터'가 유명세를 탔지만, 사실 광주항쟁의 진실을 더 먼저 알린 사람들은 바로 정읍이나 화순 같은 광주 인근 도시에 거주하던 사람들이었다.

　　　　　　　　　　나는 삼형제 중의 장
　　　　　　　　　남이다. 내가 살던 집은
　　　　　　　　　태인면 소재지로 면사무
　　　　　　　　　소와 버스정류장, 우체국
　　　　　　　　　이 가까웠다. 마을에서 조
　　　　　　　　　금 멀리 나가면 내장산과
　　　　　　　　　모악산이 자리하고 있고,
　　　　　　　　　마을 뒤에는 성황산이 있
　　　　　　　　　다. 요즘과 같은 장난감은
없었지만, 학교 운동장과 대성전은 물론 온 산과 들을 놀이터로 삼아 지치
지도 않고 뛰어다녔다.

　덕분에 체력에 자신이 있어서였는지 초등학교 때는 운동을 좋아해서 축
구선수, 탁구선수를 하기도 했다. 또 어린 시절부터 이순신 장군이 근무했던
동헌을 보고 자라서 그랬는지 학교든 어디서든 '장래 희망'을 물으면 늘 '군인'
이라고 대답했다. 나이가 좀 들면서는 육사를 거쳐 훌륭한 군인이 되겠다는
구체적인 꿈을 꾸기도 했다. 거의 6학년 때까지 반장 자리를 도맡다시피 했
고, 당시 각 학교마다 수시로 열렸던 반공웅변대회에 나가 상을 받은 것도
그런 영향이 적지 않았다.

　하지만 '반장'이나 온 산을 헤집고 다니는 개구쟁이, '장래 희망 군인' 또
는 '반공웅변대회'에서 얼핏 연상할 수 있는 이미지와 달리 나는 생각보다 얌
전한 '범생이'였다. 그런 내가 언젠가 어머니에게 큰 벌을 받은 적이 있다. 무
슨 일 때문이었는지 정확하게 원인은 기억나지 않지만, 초등학교 시절 '가출

을 감행했다 돌아온 뒤였다. 흔히 생각하는 '무작정 상경'은 커녕 전주나 광주 같은 큰 도시 근처에도 가 보지 못한 채 동네에 쌓아놓은 짚단 속에 들어가 추위를 피하다 돌아온, 가출 아닌 가출이었다.

하지만 온 가족이 나를 찾으러 다니느라 난리를 피우는 통에 어머니께 더욱 크게 혼이 났던 것이다. 어머니의 벌은 옷을 벗

겨서 밖에 내보내는 거였다. 추운 겨울, 짚단 속에서 덜덜 떨다 돌아온 나는 옷까지 빼앗긴 채 다시 바깥으로 쫓겨나는 신세가 되고 말았다.

원래 우리 집안은 조부 때까지는 대구의 배씨 집성촌에서 살았다. 그러다 일제 강점기때 살기가 어려워진 할아버님이 고모할머니가 출가한 태인을 찾아와 정착을 하게 된 것이다.

아버님 형제는 모두 7남매인데, 남자 형제는 모두 돌아가셨고 고모 두 분이 생존해 계신다. 큰아버님은 지역 정서의 영향으로 김대중 전 대통령의 열렬한 지지자였다.

Ⅲ. 고갯길 넘어 한 걸음씩

그러다 내가 초등학교 5학년을 마칠 무렵, 온 가족이 서울로 이사를 했다. 덕분에 나는 초등학교 졸업반과 중고등학교를 모두 서울에서 다녔다. 시골에서 소규모 건축 일을 하시던 아버님은 서울에서도 건축일을 계속했다.

군인의 꿈을 접다

● 서울로 올라온 우리 가족은 서울 신림동 쪽에 자리를 잡았고, 나는 신림초등학교로 전학을 했다. 자연히 중고등학교도 신림동 근처로 결정이 되었다.

남서울중학교와 관악고등학교를 다니는 동안 나는 시골에서와 마찬가지로 '공부 좀 하는 범생이'로 선생님들께 꽤나 사랑을 받았다. 고등학교 때는 선도부로 활동하면서 목소리를 높이기도 했지만, 전반적으로는 요란하기보다는 얌전한 학창생활이었다. 게다가 교회까지 다니고 있었으니, 지금 돌아보면 모범생의 전형이 아니었을까 싶다.

그 시절, 우리들을 연결시켜주는 강력한 커뮤니티는 이문세의 '별이 빛나는 밤에'였다. TV보다 라디오가 더 가까웠던 학창시절, '별이 빛나는 밤에'

는 우리가 알지 못하는 세상의 소식을 주고받는 사랑방이었고, 최신 히트곡과 연예인들의 사생활을 엿볼 수 있는 정보통이었다. 틈틈이 방송을 들어두지 않으면 친구들과의 대화에서 소외되기 일쑤였고, 세상 소식에 어두운 비문명인으로 취급되기 일쑤였다.

물론 그때까지 나의 꿈은 이순신 장군과 같은 훌륭한 군인이 되는 것이었고, 학교 공부를 할 때도 머릿속에서는 '육군사관학교' 생도가 된 내 모습이 떠나지 않았다.

그런데 고등학생이 되고, 조금씩 머리가 커지면서 무언가 세상이 잘못되어 가고 있다는 생각이 조금씩 싹트기 시작했다. 그 첫 계기는 '학교'에서 시작되었다. 관악고등학교를 다니고 있을 때였다. 우리 학교 선생님 중 몇 분이 시국 문제에 연루가 되면서 이런저런 이야기들이 들려오기 시작했다.

1985년, 7년 임기의 중반에 들어선 전두환 정부는 정권의 토대를 공고히 하기 위해 정부 정책에 비판적인 교사들의 입에 재갈을 물리기 시작했다. 그리고 이른바 '민중교육지 사건'을 일으켜서 상당한 수의 교사들을 국가보안법 위반 혐의로 구속시켰다. 하지만 이런 탄압에도 불구하고 교사들의 교육민주화운동은 계속되었다. 1986년에는 전국에서 600여 명의 일선 교사들이 서명한 교육민주화선언문이 발표되었고, 또 다시 수십 명의 교사가 구속되었다.

이처럼 끊임없이 계속된 교사들의 민주화운동은 1987년, 초·중·고등학교 평교사들을 중심으로 하는 전국교사협의회의 구성으로 이어졌고, 2년 뒤인 1989년에는 마침내 전국교직원노동조합 즉 전교조의 건설로 이어졌다.

학생들 사이에서 구체적인 선생님들의 이름과 함께 갖가지 '카더라' 하는 소문이 떠돌기 시작했다. '별이 빛나는 밤에'에서는 들을 수 없었던, 생전 처음 들어보는 단어들이 귓전을 맴돌았다. 지금까지 살고 있던 세상이 아닌,

내가 모르는 어떤 세상이 따로 존재하는 것만 같았다. 그 세계가 어디에 있는지, 어떻게 생겨먹었는지 알 수 없어서 답답했다.

그때 나의 궁금증과 답답함을 풀어준 것은 같은 교회에 다니던 형이었다. 당시 서울대학교를 다니던 형이 교회 근처에서 자취를 하고 있었는데, 우리는 그 형의 자취방에서 아무도 들려주지 않던 이런저런 세상 이야기를 듣게 되었던 것이다. 덕분에 나는 학교에서 내 머릿속에 넣어준 것과는 전혀 다른 세상 이야기를 많이 알 수 있게 되었고, 어린 나이에도 세상을 비판적으로 보는 시각을 가질 수 있게 되었다. 특히 그 형이 들려준 여러 이야기 가운데 1980년의 광주민주화운동 이야기는 충격 그 자체였다.

광주는 내 고향에서 멀지 않은 곳이었고, 어린 시절 이미 광주와 관련한 흉흉한 소문을 익히 들었던 터였다. 하지만 '어른'들과 '선생님'들 덕분에 나는 그 이야기들을 모두 악의적인 유언비어 혹은 괴소문 정도로 생각을 하고 있었다. 그러다 서울대 형의 입을 통해 그것이 모두 진실 혹은 사실이라는 것을 알게 된 것이다. 아직은 세상의 이치에 어두웠던 고등학생에게 진실은 너무나 두렵고 혼란스러운 것이었다.

하지만 한 가지는 확실해졌다. 광주민주항쟁의 진실과 이른바 '신군부'의 실체를 조금씩 알게 되면서 육사에 진학해서 훌륭한 장군이 되고 싶다던 꿈이 사라진 것이다. '장군'은 이제 선망의 대상이 아니라 부정적인 이미지로 가득 찬 대상이 되었다. 그리고 광주에 대한 원죄의식은 이후 내 삶의 방향을 바꾸어놓았다.

사진출처 - 5·18 기념재단

　민중가수 정태춘은 지난 1995년, 광주민주화항쟁 15주년을 기념해서 만든 노래 '5·18'을 통해 광주를 겪어낸 사람들의 마음을 다음과 같이 표현했다.

　　어디에도 붉은 꽃을 심지 마라
　　거리에도 산비탈에도 너희 집 마당가에도
　　살아남은 자들의 가슴엔 아직도
　　칸나보다 봉숭아보다 더욱 붉은 저 꽃들

　　어디에도 붉은 꽃을 심지 마라
　　그 꽃들 베어진 날에 아 빛나던 별들
　　송정리 기지촌 너머 스러지던 햇살에
　　떠오르는 헬리콥터 날개 노을도 찢고 붉게

무엇을 보았니 아들아

나는 깃발 없이 진압군을 보았소

무엇을 들었니 딸들아

나는 탱크들의 행진 소릴 들었소

아 우리들의 오월은 아직 끝나지 않았고

그날 장군들의 금빛 훈장은 하나도 회수되지 않았네

어디에도 붉은 꽃을 심지 마라

소년들의 무덤 앞에 그 훈장을 묻기 전까지

오…

무엇을 보았니 아들아

나는 옥상 위의 저격수들을 보았소

무엇을 들었니 딸들아

나는 난사하는 기관총 소릴 들었소

어디에도 붉은 꽃을 심지 마라

여기 망월동 언덕배기의 노여움으로 말하네

잊지 마라 잊지 마 꽃잎 같은 주검과 훈장

누이들의 무덤 앞에 그 훈장을 묻기 전까지

무엇을 보았니 아들아

나는 태극기 아래 시신들을 보았소

무엇을 들었니 딸들아

나는 절규하는 통곡소릴 들었소

잊지 마라 잊지 마, 꽃잎 같은 주검과 훈장

소년들의 무덤 앞에 그 훈장을 묻기 전까지

오…

이렇게 '광주의 진실'에 눈을 뜨면서 나의 고교 시절은 방황과 사상적 혼란으로 이어졌다.

민주주의를 배운 '국립인천대학교'

● 1986년, 나는 인천대학교 토목공학과에 입학했다. 과의 선택은 건축업을 하던 아버지의 영향이 적지 않았다. 대학에 입학했지만 고교 시절의 방황과 사상적 혼란은 계속 이어졌다.

나는 좀 더 세상에 대해 많은 것을 알기 위해 '민중생활연구회'라는 동아리에 가입했다. 그리고 독서토론회 일명 '독토'에 열심히 참여하면서 궁금증을 하나씩 풀어나갔다. 책을 읽고 대화를 나누는 동안 내 가슴속에는 자연스럽게 사회변혁에 대한 꿈이 자라났고, 나는 어느새 소위 '운동권 학생'이 되었다.

변혁에 대한 나의 꿈은 우선 학내 민주화 투쟁으로 나타나기 시작했다.

해방과 분단, 전쟁이라는 한국사의 엄혹한 시기를 겪어내면서 대한민국은 전 세계에서 유례를 찾아보기 어려울 정도의 높은 교육열을 나타내기 시

작했다. 하지만 전쟁으로 거의 빈사상태에 빠진 '국가'는 안타깝게도 이 뜨거운 교육 수요를 감당하지 못했고, 고등교육의 대부분은 '사학'에 맡겨졌다. 이로써 공교육의 통제범위를 벗어난 사학이 어느새 공교육을 능가하는 규모로 성장하면서 우리 교육의 왜곡이 시작되었다.

오늘날 잘 알려져 있는 대로 일부 사학은 교육에 대한 철학 대신 '돈벌이'를 재단의 목표로 내세우고 있다. 그리고 이를 위해 정통성 없는 정권과 유착관계를 유지해왔는데, 그중 대표적인 사례로 손꼽히는 것이 바로 인천의 선인학원이었다.

인천 출신 가운데 선인학원을 모르는 사람은 거의 없을 것이다. 유치원에서 대학까지, 학교만 15개를 거느린 인천 최대 사학으로 인천에서 초·중·고교를 다녔다면 그 가운데 하나는 거의 틀림없이 선인재단일 정도로 규모가 어마어마했다. 한때 동양 최대의 사학이라고 불렀을 정도라면 그 규모를 미루어 짐작할 수 있으리라. 내가 다녔던 인천대학교 역시 선인학원 소속이었다.
이처럼 인천 지역 사학의 대표이자 상징인 선인학원은 또한 이와 동시에 한국 사회에 누적되어 있는 비리 사학의 총화이기도 했다.

선인학원 이사장인 백인엽은 박정희 전 대통령과 같은 '만주군관학교' 출신으로 훗날 합참의장까지 지낸 백선엽 예비역 대장의 동생이다. 덕분에 박정희와 전두환으로 이어지는 군사정권과 특수한 관계를 형성했고, 이를 토대로 선인학원은 탄탄대로를 달렸다.

이런 영향인지 백인엽 이사장은 학교를 마치 병영처럼 만드는 일이 잦았다. 그는 툭하면 소위 '빽차'를 타고 학교를 순시하곤 했는데, 이때 교수들로 하여금 거수경례를 하도록 시킨 것이다. 지금 생각해보면 그런 짓을 하고 다닌 이사장도, 시키는 대로 거수경례를 했던 교수들도 모두 이해하기 힘들다.

또 백 이사장은 선인학원을 자신만의 왕국으로 만들고자 하는 욕심을 숨기지 않았다. 1년에 한 번씩 교수와 교직원들이 모여서 이사장에게 세배를 드리러 다녔고, 이사장에게 잘 보이면 고등학교 교사가 어느날 갑자기 대학교수로 발령이 나기도 했다. 물론 그 반대의 일도 있었다. 일반 대학에서는 상상도 할 수 없는 일이 선인학원에서는 전혀 이상한 일이 아니었다.

이처럼 백인엽 이사장이 자신만의 왕국을 만들어가는 와중에 우리 학생들은 강의실도 제대로 없이 소위 '아시바'라고 불리던 비계로 둘러쳐진, 짓다 만 건물에서 수업을 받았다.

당시 백인엽의 부정부패 규모는 상상을 초월할 정도였다. 비리와 부정부패가 얼마나 심했던지 1980년 집권한 전두환 정권도 마지못해 선인학원의 비리를 조사했을 정도였다. 당시 조사를 통해 학생들을 부정한 방법으로 편입학시키고 기부금으로 61억 원을 받았으며 그중 상당액을 백인엽이 횡령한 것으로 밝혀졌다. 물론 이마저도 '빙산의 일각'에 불과했다.

하지만 이후에도 선인학원과 백인엽의 부정부패와 전횡은 별로 나아진 것이 없었다. 특히 이런 일들을 직접 몸으로 겪을 수밖에 없었던 우리 인천대학교 학생들은 '선인학원 문제'라고 하면 바르르 치를 떨었다. 그리고 이는 결국 '선인학원 정상화 투쟁'으로 나타났다.

나는 1학년이었던 1986년 가을부터 학원 정상화 투쟁에 활발하게 참여하였다.

인천대학교의 특성상, 봄부터 여름까지는 재단정상화를 위해 싸우고 가을부터는 사회문제를 중심으로 투쟁했다.

당시 투쟁의 중심은 학생회였는데, 학교 측에서는 우리 학생회를 와해시키기 위해 무진 애를 썼다. 그중 하나가 '호교회'라는 정체불명의 집단을 통해 해마다 학생회장 후보를 냈던 것이다. 호교회 쪽 학생회장이 당선된 단과대나 과의 경우, 학원 정상화 투쟁과 민주화 투쟁, 어느 것도 제대로 진행할 수가 없었다.

1986년 10월, '재단정상화투쟁위원회'를 구성한 우리는 본격적인 정상화 투쟁에 나섰다. 당시 인천대 재학생 5,000명 중 약 3,500명이 참여할 정도로 기록적인 규모의 집회도 이어졌다. 하지만 아무도 예상하지 못했던 뜻밖의 폭력 사태를 맞이하고 말았다.

백인엽 퇴진 등을 요구하며 시위를 벌이는 우리들을 학교 측의 지원을 받는 축구부 학생들이 막아서면서 대규모 폭력 사태가 벌어지게 된 것이다. 이 때문에 인천대학교는 장장 53일간의 휴교령이 내려지기도 했다. 학내 문제로 휴교령이 내려진 첫 사례이기도 하다.

이런 과정을 통해서 우리는 학원재단의 문제와 사회의 구조적인 문제가 떼려야 뗄 수 없는 동전의 양면과도 같다는 인식에 도달하게 되었다. 즉 사회 전반에 걸친 구조적인 모순을 극복하지 않으면 선인학원 문제도 해결할 수 없다는 판단에 이르게 된 것이다.

나는 1989년 민정당 연수원 점거사건으로 구속되었다가 1990년 출소한 다음 다양한 사회운동에 참여해왔다. 선인학원 정상화 투쟁은 지금까지 이어지고 있는 내 운동의 출발점이다.

1991년에 나는 학원자주화위원장으로서 학내 문제 전반을 추스르게 되었다. 그런 한편 시민사회와의 연대도 꾸준히 모색해나갔다. 1992년 1월 인천중앙감리교회에서 '선인학원 사태를 우려하는 인천시민의 모임 준비위원회'가 결성되었고 당시 '시민의 모임'은 선인학원 정상화를 위한 인천시민 10만인 서명운동을 벌여 한 달 만에 7만 명의 참여를 이끌어냈다.

당시 내가 이끌던 학원자주화 집회는 전교생 6,000명 중 4,000여 명이 모일 정도로 호응이 컸다. 거의 모든 학생이 다 참여한 셈이다. 이런 영향으로 졸업한 뒤 시민사회에서 활동하는 동문들이 늘었고, 덕분에 시민사회의 호응과 관심도 점점 커졌다. 우리 학생들뿐 아니라 일반 시민들과 시민단체까지 나서게 되자 결국 인천시도 우리의 주장을 받아들이지 않을 수 없게 되었다.

결국 1993년 백인엽은 학원 운영에서 손을 떼고, 선인학원에서 운영하던 유치원과 초·중·고등학교, 전문대 등 13개의 학교와 인천대는 1994년 3월 1일자로 시·공립으로 전환되었다.

그러나 시립화가 되었다고 해서 문제가 모두 해결된 것은 아니다. 인천시가 대학과 전문대 등을 직접 운영하면서 오히려 더 많은 문제가 나타났다. 재정과 인사를 비롯해 학생들의 학습 분위기 개선이 이루어지지 않았던 것이다. 이 때문에 1998년에 학내 구성원에다 시민사회단체가 정상화추진위원회에 더해진 발전위원회가 꾸려졌다. 나는 여기에도 동문회 대표 자격으로 참여했다. 당시 간사를 맡아 활동하면서 나는 인천대가 결국 '국립대'로 가야 한다는 생각이 깊어졌다.

2000년대 초반, 이렇게 논의를 계속하다 송도 이전 문제로 또 다른 논란이 벌어지게 되었다. 도화동 캠퍼스가 협소해서 더 이상 확장이 어려워지면서 송도로 캠퍼스로 이전을 하도록 의논이 되었는데, 막대한 이전 비용을 놓고 논란이 벌어진 것이다.

시에서 이전 비용을 지원하기 어렵다는 입장을 표명하면서 국립대법인추진위원회를 만들었는데, 나는 여기에도 동문 대표 자격으로 참여했다. 다행히 나를 비롯한 많은 인천시민들의 노력의 결과로 인천대학교는 2009년 송도로 캠퍼스를 이전했고, 2013년부터는 국립대학으로 운영되고 있다. 세종대, 상지대, 조선대도 비슷한 사학 분쟁을 거쳤지만 사학에서 시립으로, 다시 국립대학 법인으로 간 것은 인천대학이 유일하다. 그리고 비록 상징적이긴 하지만 지금도 총장 선출에 대한 학생과 동문들의 투표권이 보장돼 있다.

지난 2014년, 나는 앞서 말한 '행복한 동행' 음반에 '응답하라 1994'란 제목으로 당시의 기억을 이렇게 되짚었다.

"얼마 전까지 선풍적인 인기를 끌며 방영된 1994년은 내게도 특별한 해였다. 사학 비리의 대명사였던 인천대가 10여년의 기나긴 과정을 거쳐 '시립 인천대'로 다시 태어난 해이기 때문이다. 대학생활을 시작한 1986년, 최루탄이 난무하던 5공화국 말기는 그 어느 때보다 국민들의 민주화 열망이 뜨거웠다. 대학생활 2년을 거리에서 보낸 뒤인 1987년, 나는 6월 항쟁 덕분에 민주주의의 승리를 경험할 수 있었다.

민주화 운동과 사학비리로 얼룩진 대학 재단을 바꾸는 운동은 이후 내가 사회생활을 해나가는 지표이자 자산이 됐다."

나는 사실 인천대학교를 끝내 졸업하지 못했다. 3학년 때 제적이 되었기 때문이다. 그러나 인천 지역의 오랜 숙원이었던 선인학원 문제가 잘 해결되도록 나름의 역할을 다한 것으로 충분히 만족한다.

죽음을 넘어,
시대의 아픔을 넘어

● 나는 인천대학교 86학번. 그러니까 1986년에 대학에 입학했다. 그런데 변혁운동 진영에서는 내가 대학에 입학하기 전인 1985년부터 이른바 '산개론(散開論)'에 대한 논의가 활발하게 벌어졌다. 산개론이란 정치운동이나 노동운동에 집중돼 있는 변혁운동 역량을 사회 각 부문으로 널리 퍼뜨려 나가자는 일종의 '실천운동'이었다. 이때부터 변혁운동을 하던 사람들이 시민단체 쪽으로도 많이 움직이기 시작했다.

당시 인천지역은 한국 노동운동의 중심지답게 변혁운동의 여러 갈래들이 다 들어와 있었다. 이런 흐름에 따라 1986년부터는 인천대학교에도 여러 가지 동아리가 우후죽순처럼 생겨나기 시작했고, 많은 학생들이 동아리에서 공부하면서 사회를 보는 눈을 다듬어 나갔다.

고등학교 때부터 시대와 사회에 대한 관심이 많았던 나 역시 입학하자마자 '민중생활연구회'라는 동아리에 가입하고, 자연스럽게 한국 사회의 여러 모순을 극복하기 위한 방법을 고민하고 실천해 나갔다. 또 동아리 활동과는 별개로 1학년 과대표로도 활동했다.

아직 새내기의 어설픈 딱지도 채 떼내지 못했던 그해 4월에 있었던 4·19 기념집회에서 나는 생전 처음으로 경찰이 쏘아대는 최루탄의 진한 맛을 보았다. 이에 학생들은 돌과 화염병을 던지며 맞섰다. 그리고 한 달이 채 지나지 않은 그해 5월 3일, 나는 평생 잊지 못할 체험을 하게 되었다. '5·3인천항쟁'이다. 5·3인천항쟁은 재야 및 학생운동권 세력이 국민이 참여하는 헌법의 제정을 요구하며 벌였던 시위가 경찰의 무리한 진압으로 확대되면서 수백여 명의 학생과 시민단체 회원들이 연행·구속되는 큰 사건으로 번졌다.

발단은 당시 야당이었던 신한민주당에서 시작한 '직선제 개헌을 위한 1000만 명 서명 운동'이었다. 이 때문에 초창기의 서명운동은 신한민주당과 양김이 주도하는 민주화추진협의회가 중심이었다. 하지만 30만명이 모인 광주 대회에서 '광주학살 책임자 처벌'이라는 구호가 처음으로 등장했고, 대구 대회부터는 재야운동 단체인 민통련이 주도하는 별도의 시민집회가 진행되기 시작했다. 나 역시 서울 개헌집회에 참가후 연행되어, 난생 처음 구류 3일이라는 사법처리를 받기도 했다.

그러자 당시 야당 세력은 군사정권에 빌미를 주지 않기 위해 재야와 운동권에 거리를 두기 시작했다. 이렇게 시작된 개헌투쟁이 정점을 찍은 곳이 바로 인천이었다. 당시 재야와 각 세력들이 인천지역에 역량을 총동원했던 때문이다. 나중에 알게 된 사실이지만 정의당의 노회찬 원내대표도 당시 인천에서 노동운동을 하고 있었다.

그만큼 당시 '인민노련'이라는 이름 아래 통합되어 있었던 인천지역의 노동운동은 강력한 힘을 가지고 있었다.

총학생회에서 일할 때의 모습

재야와 각 운동권 세력은 5월 3일, 신한민주당의 '개헌추진위원회 인천 및 경기지부 결성대회'가 시작되기 전부터 대회 장소인 인천시민회관 부근에서 격렬한 시위를 벌였다. 1만여 명의 시위대는 정권과 타협하는 듯한 모습을 보이고 있었던 야당의 각성과 전두환 정권에서 추진하는 것으로 알려진 이원집정제 개헌 반대를 외치며 국민헌법 제정을 요구하였다.

나는 이날 생전 처음으로 공포의 페퍼포그 차량을 목도했다. 그리고 철옹성 같은 그 차량을 뒤집어엎는 시민들의 분노도 목격할 수 있었다.

인천을 넘어 전국을 떠들썩하게 만들었던 5·3인천항쟁은 결국 319명이 연행되고 129명이 구속되는 것으로 마무리되었다. 현재 인천 민주화운동기념재단 산하에 있는 5·3항쟁기념사업회는 해마다 5·3항쟁을 기념하고 5·3항쟁 관련 심포지엄을 개최하고 있다.

1986년에는 또 하나의 전국적인 항쟁 사건이 벌어졌다. 그해 말에 있었던 건대 사건이다. 두 번의 커다란 사건을 겪으면서 수많은 학생들이 연행되고, 구속되었지만 오히려 학생운동은 더 크게 성장하면서 탄탄해졌다. 그리고 이 힘을 바탕으로 1987년 이후 전국대학생대표자협의회(전대협)를 조직함으로써 이제 학생운동은 소수의 비공식 조직에서 학생회 중심의 대중운동으로 변모했다.

개인적으로는 1986년 5·3인천항쟁 당시 1학년 과대표였던 나는 1987년 전대협 시대를 맞아 공대 학생회에서 일하며 학내 문제와 사회 문제 양쪽 모두 나름의 역할을 하고자 애썼다.

최근 영화 '1987'이 큰 관심을 끌면서 1987년의 6월항쟁에 대한 관심도 덩달아 커지고 있다. 덕분에 당시 나와 함께 열심히 항쟁에 참여했던 인천대학교 선후배들의 모습을 옛 기억 속에서 불러와 되새겨보았다.

경찰청 남영동 분실로 끌려간 서울대 박종철군이 경찰의 고문을 받다 숨진 이른바 '박종철군 고문치사사건'으로 촉발된 학생·시민들의 시위는 연세대생 이한열군의 최루탄 피격 사망으로 전국적으로 번져 나갔다. 인천대 학생들은 인천과 서울 광화문, 종로 일대는 물론 나중에는 명동성당 농성에

5·3항쟁(출처 경향신문, 민주화운동기념사업회)

도 동참했다.

이미 2학년이 되었고, 5·3인천항쟁까지 겪은 터라 학생 중에서는 제법 '경험자' 축에 속했지만 1987년의 6월항쟁은 그런 내게도 새로운 경험이었다. 함께 참여했던 시민들의 모습은 물론 가두에서 혹은 창을 내다보며 목청껏 구호를 함께 외치고 우리를 향해 박수를 쳐주던 모습이 지금도 기억 속에서 생생하다.

1987년 6월항쟁은 '직선제 개헌'을 쟁취한 승리의 기억으로 남았다. 하지만 투쟁은 그것으로 끝나지 않았다. 사회 전반에 걸쳐 민주화의 공간이 확대되면서 노동자들의 대투쟁이 벌어지기 시작했던 것이다. 1987년 7월부터

9월까지 벌어졌던 이른바 '노동자 대투쟁'은 그 이전까지 노동운동의 주류를 이루었던 경공업 중심의 단위사업장 개별투쟁이 중공업 중심의 산별투쟁으로 옮겨가는 일대 사건이었다. 또한 노동운동을 대하는 정부의 태도 변화는 합법적 노조 결성과 전국적 규모의 연대조직 건설이라는 변화로 이어졌다.

나는 1989년부터 총학생회 사회부장으로 활동했다. 1989년 상반기의 임수경 방북 비디오 상영 사건과 선인학원 정상화 투쟁 문제로 이미 수배 중인 상태에서 나는 성균관대와 건국대 등 여러 대학 학생들과 연합하여 '광주 학살자 처벌'을 요구하며 가락동 민정당 연수원을 점거하고 농성을 벌였다. 당시 점거농성에 참가했던 학생은 모두 23명이었는데, 전원이 현주건조물방화미수 등으로 실형을 선고받았다. 나는 1년형을 받고 90년 11월에 만기 출소하였다.

출소 후 학교에 와보니까 87학번 후배들 대부분이 군대를 가거나 사회운동 쪽에서 활동을 하고 있었던 터라 학생회에 대한 정비가 필요했다. 책임감 때문에 복학을 하긴 했지만, 개인적으로는 노동현장에 나갈 준비도 함께 하지 않으면 안 되었다. 나는 민정당 연수원 점거농성을 함께했던 동기들과 더불어 복학생들을 위한 '예비역협의회'를 만들고 학생회 사업에 신경을 쓰는 한편 사회 진출에 대한 고민도 함께했다.

당시 동료 가운데 한 명은 2010년에 진보정당 후보로 출마해서 인천 남구 시의원으로 당선되어 나와 같은 길을 걷고 있다. 또 한 명은 인천농수산

물시장에서 자기 사업을 하며 든든한 후원자가 되어주고 있고, 불교학생회 출신의 한 친구는 스님이 되어 문경의 암자에서 수도를 하며 지낸다. 그런 인연으로 아버지가 돌아가셨을 당시 49재를 그곳에서 지냈다

1985년경부터 시작된 '산개론'에 따라 '애국적 사회진출'이라는 흐름이 만들어졌다. 과거처럼 무작정 노동현장으로 가지 말고 각자의 역량에 맞는 곳으로 진출하자는 것이었다. 이와 같은 변화를 통해 노동현장이 아닌 사무직까지 함께 역량을 키워나가는 조직강화를 지향하는 것이 산개론의 핵심이었다. 하지만 내 생각은 좀 달랐다. 노동현장을 기피하는 풍조가 안타까웠다. 오히려 나는 '인천에서는 노동현장으로 가야 한다'고 생각했다.

당시 민정당 연수원 농성에 같이 참여했던 3명의 친구들도 나와 뜻이 같았다. 이렇게 의기투합한 우리 넷은 1992년 남동공단 등의 노동현장에 취업을 했다. 이른바 '위장취업'을 한 것이다.

'노동'이 아름다운 세상을 꿈꾸며

● 지금은 대학이 아니라 대학원을 졸업한 사람이 미화원 시험을 보는 일도 있지만, 당시만 해도 대학생이 '노동자'가 되는 것은 금기 중 하나였다. 멀쩡한 대학생 혹은 대학 졸업생이 굳이 노동현장으로 가는 이유는 대부분 '노동운동'이 목적이었기 때문이었다. 이 때문에 정상적으로 자신의 신분을 내세우지 못하고 다른 사람의 신분으로 위장을 해야만 했다. 이 때문에 당시 학생이나 학생 출신들의 현장 취업을 '위장 취업'이라고 불렀던 것이다.

사실 위장취업도 문제였지만, 당시에는 아직 군대 문제도 해결되어 있지 않았다. 시국 사건에 얽힌 학생들은 징역을 살고 나오면 바로 영장이 나오는 경우가 많았고, 나 역시 마찬가지였다. 하지만 입대 영장이 나올 무렵에는 도피 중이라 '행불'로 처리되었다. 나중에 복학을 하면서 행불과 같은 신분문제를 풀었고, 군대 문제는 나중에야 해결할 수 있었다.

학생 출신으로 별다른 기술이 없었던 나는 채용공고를 보고 인천 남동공단에 있는 중간 규모의 기업을 골랐다. 자동차 부품을 만드는 회사로 현장직 직원은 대략 70~80명 정도였다. 취업을 위해 고향에 있는 형에게 부탁해서 그 형의 이름으로 등본과 같은 신분 관련 서류를 만들었다. 과거 노동현장에서 일했던 선배들의 이야기를 들어보면 '학출'(학생출신자)들이 생산직에 위장취업을 하는 것을 막기 위해 서류심사를 까다롭게 한다고 들었는데 이 회사의 경우에는 들었던 것보다 간단했다.

당시 취업을 하기 위해 공장에 가면서 본 넝쿨장미의 모습은 지금도 기억에 생생하다. 5월 봄햇살을 받으며 공장 담벼락에 피어 있던 붉은 장미의 모습이 참 선연하기도 했다.

일단 공장에 들어가기로 마음을 먹었다면, 어설프게 노동자를 흉내 내서는 곤란하다. 관리자들이 쉽게 알아챌 수 있을 뿐 아니라 함께 일하는 동료 노동자들도 '뭔가 이상하다'는 느낌을 받기

때문이다. 따라서 이 사회를 변혁하기 위해 소외받는 노동자의 삶을 살고자 한다는 각오를 다지고, 진짜 노동자가 되어 열심히 일해야 한다. 나 역시 일단은 '성실한 노동자'의 자세로 열심히 일했다.

성실하게 일한 덕분에 입사한 지 단 몇 달 만에 시급이 1,300원에서 3,000원으로 껑충 뛰었다. 현장에서 함께 일하던 선배 노동자들에게도 귀여움을 많이 받았다. 잔업까지 열심히 한 덕에 한 달 월급으로 53만 원 정도를 수령했다. 일반 기업체 직원들에 비할 바는 아니었지만, 그래도 적지 않은 액수의 봉급이었다.

10개월쯤 현장에서 일했을 때 외국인 산업연수생들이 공장에 배치되었다. 우리 현장도 중국에서 온 교포 6~7명과 함께 근무를 하게 되었다. 당시 내가 맡은 일은 프레스로 철판을 절단하는 것이었다. 일이 힘든 데다 프레스 작업을 하는 곳이다 보니 이 일을 오래 한 노동자들은 손가락 한두 개 없는 게 기본이라 할 정도였다.

당시 내가 맡고 있던 300톤짜리 큰 프레스는 안전사고의 위험이 있어 두 명이 같이 작업을 하도록 되어 있었다. 커다란 프레스에 기둥이 4개가 달려 있었는데, 그 사이에 철판을 올려놓은 뒤 타이밍에 맞춰 손을 빼야 한다. 그러면 동료가 스위치를 눌러 철판을 잘라내는 것이다. 그런데 나와 같이 배치된 중국 교포가 아직 일에 익숙하지 못했던 터라 내가 미처 손을 빼기도 전에 절단스위치를 눌러버리고 말았다.

한국노동운동협의회 노조정책부장 시절, 동료들과의 산행

지금도 그 순간이 잊히지 않는다. 아프다는 것을 느끼기도 전에 '쿵' 하면서 기계가 내려갔다 올라가고, 그 사이에 뭔가 툭 떨어졌다. 바닥에 떨어진 것은 내 왼손 새끼손가락이었다. 나는 순간적으로 소리를 질렀다. 아파서 비명을 지른 것이 아니라 기계소음이 가득 찬 공장에서 누군가 다쳤다는 것을 알리기 위해 소리를 질러야 한다고 생각했기 때문이다.

병원에 실려가면서도 잘린 손가락이나 내 몸의 통증이 아니라 신분이 드러나면 어쩌나 하는 걱정 때문에 고향 선배의 가짜 주민번호를 머릿속으로 달달달 다시 외웠다.

다행히 별다른 일 없이 응급실로 실려간 나는 응급조치로 잘려나간 부분의 뼈를 갈아내고 상처를 봉합했다.

당시 나는 지금의 집사람이랑 한창 연애를 하던 중이었는데, 마침 사고가 난 날이 데이트를 하기로 한 날이었다. 매주 수요일은 잔업이 없는 날이라 그날 만나기로 약속을 해뒀던 것이다.

지금과 같은 휴대폰이 있었던 것도 아니고, 언제든 연락이 닿는 사무실에 앉아 근무를 하는 것도 아닌 터라 연락을 할 길이 막막했다. 그 순간 마침 머릿속에 떠오른 친구를 통해 어렵사리 연락을 취했고, 그 친구는 내가 입원해 있는 병실까지 집사람을 데리고 와 주었다. 그날, 깜짝 놀라 어쩔 줄 몰라 하던 집사람의 얼굴이 지금도 잊히지 않는다.

걱정했던 '신분 문제'는 다행히 잘 넘어갔다. 그리고 '공상'으로 처리가 된 덕에 회사 돈으로 2주 정도 입원해서 치료를 받고 퇴원했다. 하지만 손가락이 잘린 마당에 더 이상 그 회사에 근무할 수는 없어 퇴사를 해야만 했다.

때마침 추석이 가까운 때라 집에 인사를 드리러 가야만 했다. 별 수 없이 손에 붕대를 두껍게 감은 채 갈 수 밖에 없었다. 그리고 무슨 일이냐고 꼬치꼬치 캐묻는 어머니께 거짓말을 할 수 없어서 모든 일을 사실대로 말씀드렸다.
내 평생, 어머니께서 그렇게 우는 모습을 처음 보았다. 지금도 그때 일을 생각하면 어머니께 송구스러울 뿐이다.

여담이지만, 그때 내가 취업했던 공장의 사장과는 지금도 서로 연락하며 지내고 있다. 그와의 인연은 조금 설명이 필요하다.

지난 2010년 남동구청장이 되어서 지역 기업인들과의 협의회에 참석을 했더니 그 사장이 와 있었다. 나는 회사명과 사장의 얼굴을 분명히 기억하고 있었지만 사장은 나를 알아보지 못했다. 세월이 흘러 외모도 달라졌지만, 취업했던 당시와 이름 자체가 달라졌기 때문이기도 했다. 어쩌면 불편할 수도 있겠다 싶어 일단 모르는 척 그냥 넘어갔다.

그런데 내가 취임하고 6개월쯤이 지난 뒤 남동공단경영자협의회 회장을 만났을 때 이상한 소문이 돌고 있다는 이야기를 들려주는 것이 아닌가. 내용은 다음과 같다.

'남동구청장은 민주노동당 출신인데, 한때 남동공단에 위장 취업해서 일하다가 손가락을 잘렸다고 한다. 그래서 그 회사가 조만간 문을 닫을 것이라고 한다.'

근거 없는 얘기였지만, 이런 얘기를 퍼뜨리는 사람들은 나름대로 진지했다. 진보정당인 민주노동당 출신의 구청장이라 본래 기업인들을 좋게 생각하지 않는데다 위장취업 당시에 손가락까지 잘렸으니 조만간 보복조치를 취할 것이라고 생각을 했던 것 같다.

나는 소문이 더 커지기 전에 협의회장께 당시 내가 취업했던 회사의 간부들과 만날 수 있는 자리를 만들어 달라고 부탁했다.

그렇게 어렵사리 자리를 만들어 프레스업체 사장과 간부들을 모셨다.

그제야 나를 알아본 사장과 간부들은 그야말로 깜짝 놀라고 말았다. 다행히 내가 근무할 당시 총무부장을 하던 분이 다른 공장 사장으로 가셨는데, 구청장 취임 후 자신의 회사를 방문한 나를 알아보았다고 한다.

어쨌든 그날 그 자리는 그동안의 오해를 불식시키고 지나간 시절 이야기를 하며 즐겁게 마무리됐다. 그 후 지금까지 그분들은 나의 든든한 후견인이 되어주고 있다.

그때
- 잘린 손가락

따뜻한 바람 포근한 햇살 조용한 공단의 길
가을 어느 날 담벼락엔 넝쿨장미 피었었지
일하는 사람 일하는 삶 함께했던 그 시간
지친 몸에도 따뜻함이 여전히 나 기억나네
어느 날, 커다란 기계 갑자기 나를 덮쳐
새끼손가락 삼켜버렸네. 그 가을 그때
무슨 일인지 영문도 모른 채 병원에 누워서도
못 지킬 약속만 걱정했던 그때
이제는 그 일 추억이 됐지만 없는 손가락 저려
가을 햇살의 넝쿨장미 또렷이 기억나지
따뜻한 사람 포근한 마음 내가 또 가야 할 길

잊어야 할 것 기억할 것 가슴 깊이 남았지

손가락은 잘렸지만 후회는 없는 그때 그 마음으로 오늘을 산다.

일하는 삶과 사람을 사랑했던 그때 그 마음으로 오늘을 산다.

나나나 나나 나나나 나나

- 2014년 배진교 1집 CD에서

시민단체에서
현실정치로

● 나는 1994년부터 1996년까지 한국노동운동단체협의회에서 노조정책부장을 지냈다. 이정미 정의당 대표도 당시 인천지역에서 노조 결성을 교육하거나 지원하는 일을 해오다가 1995년에 조직국장으로 합류했다. 따지고 보면 이정미 대표와의 인연도 꽤나 오래된 셈이다.

1996년에 '평화와 참여로 가는 인천연대'가 만들어지면서부터는 사무처에서 부처장으로 일했다. 인천연대는 평화와 통일 관련 이슈를 끊임없이 제기하고, 풀뿌리 민주주의를 지키기 위한 구정 감시와 의정 감시, 지역 현안에 대한 문제제기를 목적으로 창립된 인천지역의 시민사회운동단체다. 인천시 각 구에 지부를 운영하고 있으며, 일반 시민을 대상으로 인천시민학교를 정기적으로 열고 있다.

"오늘날 인류가 평등과 평화로 하나 되는 세계 시민을 꿈꾼다면, 그 연대의 시작은 작지만 엄숙한 우리 삶의 자리, 바로 인천연대에서 시작될 것을 우리는 믿는다. 우리는 선의의 개인을 우주의 무게로 존중하며 따라서 개인의 문제를 한 국가와 민족 나아가 세계가 함께 공유하여야 할 문제로 삼고자 한다."

'평화와 참여로 가는 인천연대'
규약 전문 중에서

인천연대는 이제 인천의 대표적 시민단체가 되었다.

돌아보면 나의 20대는 학내 민주화투쟁과 사회민주화투쟁, 노동 현장으로 이어졌고, 30대는 인천연대와 함께 시작되었다. 대법원까지 가는 길고 긴 재판을 통해 전국 최초로 자치단체장들의 판공비를 공개시킨 일, 부패한 정치인들을 퇴출시킨 2000년의 낙천낙선운동 등이 인천연대와 함께 진행한

일이다. 이밖에도 지역 현안으로 부평 미군부대 땅찾기, 계양산 골프장 반대운동을 전개하였으며 정치적 이슈로 미군 장갑차 여중생 압사사건과 관련한 촛불집회, 한미자유무역협정 반대운동 등에 참여하였다.

1999년에는 일상적 생활을 통한 참여민주주의 실천을 표방하는 '의정지기단'을 발족시켰다. 이를 바탕으로 '청년 의정지기 학교'를 열고, 이 학교를 수료한 시민들이 시의회를 방청하면서 시의회에 대한 감시활동을 전개하도록 했다. 더 나아가 인천시의회뿐만 아니라 8개 구의회 가운데 5개 지역에서 '구 의정지기단'도 구성했다. 시정과 구정 등 지역현안 및 각 정당에서 추진하는 정책에 대한 분석과 실천 가능성 및 이행여부를 평가함으로써 객관적 근거를 바탕으로 정책을 비판할 수 있도록 했다.

앞서 밝힌 대로 인천연대의 활동 중 전국적으로 큰 파장을 일으킨 것은 전국 최초로 지방자치단체장의 판공비를 공개하도록 한 것이다. 시민들의 세금으로 조성된 단체장들의 판공비 내역공개 운동은 곧 전국으로 확산되었다. 또한 전국 최초로 인천시 주민감사청구조례 발의를 청원하여 정보공개청구에 대한 시민운동 방식을 창조하기도 했다.

1999년 초, 인천연대는 인천시 관내 8개 구청장에게 집행된 예산사용내역을 밝힐 것을 요구하는 정보공개청구서를 보냈다. 단체장이 사용하는 기관운영추진비나 업무비, 대민활동비, 특수활동비 등 다양한 명목으로 집행되는 구청장의 판공비 예산의 내역과 영수증을 공개할 것을 요구한 것이다.

관행상 '깜깜이'로 적당히 쓰여져 왔던 단체장들의 판공비가 개인적인 용도나 술값으로 쓰이고, 심지어 룸살롱 같은 곳에서도 집행되고 있다는 의혹에 따른 요청이었다.

하지만 동구와 중구만 집행내역을 공개했을 뿐 계양구와 부평구 등 나머지 6개 구청은 이를 거부했다. 정보공개의 대상이 아니라는 것이 이유였다.
인천연대는 이런 사실을 여론화하였다. 이에 따라 인천연대의 정보청구 내용이 전국방송에까지 나오면서 시민사회의 주목을 받을 수 있었다. 이와 동시에 소송을 제기하여 같은 해 11월 인천지방법원으로부터 승소 판결을 받아냈다.

곧 이어서 2000년 서울고법에서 열린 항소심도 인천연대의 손을 들어주었다. 인천지역 6개 구청장을 상대로 낸 '정보공개 거부처분 취소 청구소송'에서 구청장들이 판공비 관련 정보를 공개해야 한다고 판결한 것이다.

당시 재판부는 "구청장들이 사생활 및 영업비밀 침해를 이유로 특수활동비와 업무추진비 등 판공비를 공개하지 않는 것은 주민들의 알 권리를 제한하는 행위"라고 밝혔다.

이런 흐름은 곧 전국적으로 이어졌다. 서울시는 1999년 11월 시장 판공비를 전격 공개했고 2000년 6월에는 전국 각 지역 34개 시민단체가 '판공비 공개 운동 전국네트워크'를 구성하여 활동함으로써 전국의 지방자치단체장들이 판공비를 스스로 공개하지 않을 수 없게 되었다.

또 인천연대는 전국 최초로 시민감사청구 조례제정운동을 청원하여 통과시켰다.

대한민국의 경우, 1990년대부터 지방자치제도가 시행되고 있지만 실제 내용을 들여다보면 '지방자치'라는 말이 좀 우습다. 지방자치단체의 업무 가운데 70% 이상이 중앙정부의 위임사무이기 때문이다. 이런 현실에서 지역의 문제에 지역주민들이 직접 참여할 수 있는 수단은 극히 제한적이다. 주민소환제와 같은 주민참여제도의 실현은 헌법의 개정을 통하지 않으면 실현

될 수 없었던 것이다.

우리는 일단 현실적으로 주민참여가 가능한 방법을 모색했다. 그리하여 1998년부터 시민단체와 전문가들의 도움을 받아 시민감사청구조례 제정 청원운동을 전개하였다.

자치단체의 위법 부당한 행위를 감시하고 주권자로서 시민의 권리를 신장하려는 제도개선운동이었다. 결국 시의회는 시민감사청구조례안을 통과시켰고 1999년부터 정식 발효되었다. 구청장 판공비 공개와 시민감사청구 등이 법제화된 것이다.

나는 그 무렵 인천연대 남동지부장이 되었다. 비슷한 시기에 남동구 시민사회단체 연대회의 상임대표까지 맡았다. 서른 살의 나이에 지역대표를 맡은 것은 시민사회단체 관행으로 보아도 매우 드문 일이었다.

2000년에는 총선이, 2002년에는 지방선거가 있었다. 이때 시민사회단체를 중심으로 자질이 없는 국회의원과 자치단체장, 지방의원 후보에 대한 낙천낙선운동이 활발하게 벌어졌다.

2000년 선거법의 개정으로 시민사회단체의 공천과정 참여와 선거과정에서의 낙선운동이 합법화되어 있던 터였다. 시민사회단체가 기간의 제한 없이 언제든지 '정당의 후보자 추천에 관한 단순한 지지, 반대의 의견개진 및 의사표시'를 하는 것이 합법화되었다. 또한 선거운동 기간 중에도 '단체가 그 명의 또는 그 대표의 명의로 특정 정당이나 후보자를 지지, 반대하거나 지지, 반대할 것을 권유하는 행위'를 할 수 있게 되었던 것이다.

여기서 '낙천운동'이란 시민사회의 압력으로 각 정당의 공천심사 과정에서 부적격 인사를 탈락시키자는 운동이고, 낙선운동은 선거에서 부적격 인사를 탈락시키고자 하는 운동이다.

2000년의 총선 낙천낙선운동은 참여연대를 중심으로 시민사회가 총결집한 운동이었다. 결과는 예상 밖의 큰 성과로 나타났다. 86명의 낙선 대상자 중 59명이 낙선함으로써 낙선비율이 68.6%에 이르렀던 것이다.

하지만 이런 성과에도 불구하고 낙천낙선운동은 수많은 논쟁을 불러일

으켰다. 적합한 인물을 추천하는 게 아니라 부정적 인물을 낙선시키는 방식으로 정치가 개혁이 되겠는가 하는 회의적 시각과 평가도 있었고, 이를 추진하는 시민단체의 자격에 대한 논란도 있었다.

게다가 낙천낙선운동의 대상자가 당시 한나라당과 자민련 등 주로 보수 야당에 몰리는 바람에 김대중 정권의 홍위병이라는 비난까지 받아야 했다.

따라서 이런 성과와 별개로 여러 가지 평가를 놓고 적극적으로 시민사회의 입장을 대변하는 진보정당의 역할이 필요하다는 결론에 이르렀다. 여기에는 시민단체 내의 요구도 작용했다.

이런 요구에 부응하기 위해 나는 2003년 민주노동당 남동을 지구당을 창당하고 당협위원장(지구당위원장)으로 선출되었다. 내 삶의 방향을 시민운동에서 진보정당운동으로 전환한 시발점이었다.

시민주권을 향한 책임정치로!

● 민주노동당 남동구을 지구당 위원장을 맡으면서 정치인으로 변신한 나는 2003년부터 인천대공원 유료화 반대 투쟁에 나섰다.

인천광역시 남동구 장수동에 있는 인천대공원은 인천에서 가장 큰 시민공원으로 인천광역시가 운영을 담당하고 있다. 그런데 2003년 7월 인천시의회는 그동안 무료로 개방해왔던 인천대공원을 어른 500원, 청소년 400원, 어린이 200원의 요금을 받겠다고 하는 '인천광역시도시공원및녹지조례중개정조례안'을 통과시켰다.

그리고 이를 위해 자그마치 8억 원의 예산을 들여 담장과 매표소를 설치키로 했고, 2,000만 원의 예산으로 설계 작업을 시작했다.

인천대공원이 위치하고 있는 관할 남동구의회는 이런 상황을 접수하고

입장료 징수 반대 결의안을 채택했다. 이어서 인천연대를 비롯한 시민단체들이 반대 서명운동을 벌이는 등 입장료 징수 반대 운동이 시작되었다. 이후 3년 동안 지속된 반대투쟁의 시작은 '조례개정 반대투쟁'이었다.

정당인으로 변신한 지 1년 뒤에 열린 2004년 총선에서 나는 민주노동당 국회의원 후보로 첫 선거에 나서서 10% 가까운 득표로 파란을 일으켰다. 그리고 2년 뒤인 2006년의 지방선거에서는 구청장 후보로 출마했다. 당시 대공원 유료화 문제를 이슈로 만들면서 13.1%의 득표율을 올렸다.

지방선거의 특성상 단체장이나 지방의원에 출마한 사람들까지 모두 인천대공원 유료화 반대에 동참하면서 인천대공원 문제를 지역문제로 부각시킬 수 있었다. 이런 분위기 속에서 나는 각 시민사회를 묶어 남동구시민사회연대를 만들고 상임대표를 맡는 동시에 인천대공원 유료화반대 대책위원회를 꾸려 위원장으로 활동하였다.

2006년 가을, 인천 남동을 지역구 국회의원 보궐선거가 있었다. 나는 이번에도 민주노동당 후보로 출마했다. 비록 당선은 되지 않았지만 당시 집권당인 열린우리당 후보를 제치고 18.5%의 득표로 2위를 하면서 시사저널이 선정한 차세대 리더 27인 중의 하나로 선정되었다.

'성공'이라는 세속적 잣대로 보면 이들 가운데는 어울리지 않는 인물도 있다. 그러나 우리 사회가 추구해야 할 공동체적 가치를 위해 헌신하거나 국경을 넘어 세계를 무대로 뛰는 열혈 활동가들의 모습에는 한껏 성숙해지는 우리 사회의 자화상이 투영되어 있다. 또 여야를 넘나들며 정치 문화를 바꾸기 위해 노력하는 정책 컨설턴트나 척박한 환경에서도 밤을 새우며 연구하는 연구자, 각 분야에서 새 실험과 도전을 계속하는 문화 선구자들은 우리 사회의 지평을 넓히면서 합리적이고 건강한 사회를 만들어가는 첨병이라고 할 수 있다.
- 시사저널(2007년) '젊은 그대들이 있어 내일이 든든하다'

나는 언제나 지역 현안이 있는 곳에 있으려고 노력했다. 그곳에서 주민들을 만나 의견을 듣고, 필요할 경우 몸을 바쳐 투쟁하는 것이 나의 일이라고 생각했다. 몇 차례의 지방선거와 국회의원 선거에 출마한 것도 당면 문제를 쟁점으로 만들고 이슈화하기 위한 투쟁의 한 과정이었다. 실제로 2006년 지방선거와 보궐선거에서 나는 대공원유료화를 쟁점화시켰고, 이에 걸맞은 성과를 일궈냈다.

지방선거가 끝난 여름 내내 비를 맞아가며 천막농성을 이어갔다. 그리고 마침내 인천공원 유료화를 백지화시킨 때는 10월 보궐선거까지 마친 뒤였다. 시민들과 함께 인천대공원 유료화를 막아낸 일은 지금까지도 가장 기억에 남는 활동 중 하나였다.

인천대공원은 모든 인천시민의 휴식처이자 남동구민들의 편안한 정원

비를 맞으며 천막농성을 하고 있다

같은 곳이다. 이런 곳을 유료화한다는 것은 있을 수 없는 일이었다. 때로는 부당함에 맞서 싸우고, 때로는 시민들의 지지와 참여를 호소해 인천대공원을 시민의 휴식처로 지킬 수 있었다. 인천시는 2005년부터 시민의 반대를 무릅쓰고 입장료를 받았다가 2007년에 결국 전면 무료 개방으로 방침을 바꾸게 되었다. 지금도 나를 만나면 인천대공원 유료화 반대 운동을 이야기하는 분들이 많다. 결국, 시민과 함께 했던 '시민운동'은 정치인 배진교의 '상징'

이 되어 있다.

민주노동당은 2004년 제17대 국회의원 총선거에서 10명의 국회의원을 배출하면서 제도권 정당으로 진입했다. 여러 언론에서 '44년 만의 진보정당 원내 진출'이라고 이구동성으로 써냈을 만큼 큰 성과였다.

그리고 곧 이어진 2006년 지방선거에서는 광역의원 15명과 기초의원 66명이 당선되었으며, 정당득표율에서도 12.1%라는 상당한 성과를 기록했다.

2006년부터 내외적으로 여러 가지 어려움을 겪으며 잠시 동력을 상실하는 듯했던 민주노동당은 이런 상황에서도 수도권에서 2등을 기록하며 진보운동에 큰 반향을 일으켰다.

하지만 2008년, 민주노동당은 결국 분당되었다. 당내 문제를 극복하지 못하면서 민주노동당과 진보신당으로 갈라서게 되었던 것이다.

나는 이런 와중에도 2008년 총선에 민주노동당 국회의원 후보로 출마해서 11.7%의 득표율을 올렸다. 하지만, 선거운동을 하면서 많은 점이 달라졌다는 것을 체감할 수 있었다. 2006년 지방선거까지는 선거운동을 하는 것은 힘들었지만 그래도 재미가 있었다. '진보정당'에 대해 무언가 신선하다는 반응이 있었다. 하지만 2008년엔 내외적으로 너무나 힘들었다.

진보세력의 분열은 정치에 대한 국민들의 실망으로 나타났고, 빨갱이라는 소리부터 '너도 똑 같은 놈이야'와 같은 비아냥도 들어야 했다.

나는 1990년 말부터 2010년까지 20년 가까이 지역에서 시민사회운동과 진보정당 활동을 해왔다.

1998년에는 지방의 행정조직과 부딪치는 일이 많아지면서 이를 이론적으로 극복하기 위해 한국방송통신대학교 행정학과 3학년으로 편입하여 졸업했다. 2008년 총선이 끝난 뒤엔 인천대학교 대학원 행정학과를 마쳤다.

지방자치와 행정에 대해 똑바로 알고 있지 못하면 공무원을 상대하는 데 일정한 한계가 있을 것이라는 판단으로 시작한 공

부는 내 삶과 활동에 큰 보탬이 되었다. 당시 지도교수였던 서진완 교수는 2010년 내가 남동구청장으로 당선되었을 때 기꺼이 인수위원장을 맡아주셨다.

20년 넘게 시민운동과 진보정당운동을 하면서 제일 힘들었던 점은 한마디로 '배가 고픈 것'이었다. 시민단체에서 받는 상근활동비는 월 20만 원 정도로 빠듯했고 생활에 필요한 경제활동은 집사람이 직장을 다니며 해결할 수밖에 없었다.

네 번의 패배와
한 번의 승리,
그리고 또 한 번의 패배

● 재작년 인천남동구청장 재선에 도전했던 배진교가 불과 0.57%의 차이로 낙선했다.

당원들은 그를 보고 진반 농반 '아시아 최고 출마 기록 보유자'라고 부른다.

선거가 끝난 며칠 후에 그를 만났다. 얼굴에 어느새 주름이 지고, 머리도 하얗게 샜다. 얼굴이 왜 그 모양이 되었냐고 타박했더니. 구정 활동 4년 동안 주민들과 공무원들 설득하러 다니느라 연일 술을 마셔서 그렇다며 웃는다.

어찌 되었든 이제 당에서 뭔가 일을 해야 하지 않겠느냐고 했더니 "누나, 30대 때부터 지금까지 꼬박 10년 동안 선거에 여섯 번을 출마했어요. 이젠 좀 쉬고 싶어요." 한다.

10년에 여섯 번. 더 할 말이 없었다. 그래. 이제 좀 쉬어도 되지. 그러나 배진교는 곧 인천시 교육청 감사관을 맡아 다시 일을 했다. 우리 사회가 진짜 변화하려면 교육문제를 해결해야 한다는 신념이 그를 쉴 수 없게 만들었다고 했다.

그리고 또다시 다가온 총선. 구청장과 감사관으로 일하느라 당적을 가질 수 없었던 그는 감사관을 그만두고 정의당에 입당했다. 그리고 다시 일곱 번째 도전장을 내밀며 인천 남동구에서 출마한단다. 뿐만 아니라 그는 인천시당의 총선을 진두지휘하는 선거대책 본부장까지 맡았다.

배진교는 왼손 약지가 없다. 젊은 날, 나와 함께 노동운동을 할 때였다. 급한 연락이 와서 달려가 보니 프레스에 손가락이 절단되었단다. 속상해서 눈물을 흘리는 나에게 "누나, 걱정 마세요. 그래도 당구 큐대 잡는 데는 아무 상관이 없답니다."라며 오히려 나를 위로했었다. 그는 지금 정의당의 지방자치부 예비 장관이다.

- 이정미의 작은 책, 또 다른 이름의 출사표(2016)

몇 번의 낙선과 더불어 긴 야인생활을 했지만, 그중에서도 특히 2008년 이후가 가장 힘들었다.

아내, 내 오랜 동지여

　화도 나고 앞도 안 보이는 시절이었다. 2008년 선거 전까지는 나름대로 진보정당을 한다는 자부심이 있었고, 개인적으로도 성장을 할 수 있었다. 하지만 2008년부터 2010년까지는 내적으로도 참담함을 많이 느꼈다.
　그런 시절에 나보다 더 많이 힘들었던 건 아내와 가족이었다.

　집사람과의 만남은 대학시절로 거슬러 올라간다. 1988년 내가 총학생회에서 일할 때 아내는 총여학생회에서 일했다. 아내를 볼 때마다 '깨어있는 느낌'에 호감을 갖게 되었고, 자연스럽게 가까워지면서 연애를 하게 되었다.

　1989년, 내가 민정당 연수원 점거 농성으로 1년 실형을 선고받고 징역

Ⅲ. 고갯길 넘어 한 걸음씩　　　　　　　　　　　　　　　　　　197

을 살고 있을 때에도 아내는 매주 면회를 와서 나에게 힘을 불어넣어 주었고, 남동공단에서 현장 생활을 할 때도 잔업이 없는 매주 수요일에는 데이트를 즐겼다.

내가 프레스 사고를 당한 날도 아내와 데이트를 약속했던 날이었다. 연락할 수단이 없어서 방법을 찾다가 우유배달을 하던 친구에게 부탁해 병원으로 오게 하였다. 그때 아내의 놀란 표정은 지금도 잊혀지지 않는다.

사실 시민단체에서 상근하는 활동가들의 보수는 그야말로 '형편없다'. 평균 월 20만 원대의 상근활동비는 생활이 아니라 말 그대로 '활동을 위한 비용'이었다. 아내는 그런 경제적인 어려움을 늘 메워주었다.

아내는 졸업 후 지금까지 직장생활을 하며 나 대신 가정을 꾸렸다. 내가 징역을 살고 나올 무렵에는 서울의 컴퓨터 잡지회사에서 근무했고, 인천대학교가 1994년도에 시립으로 전환되었을 때 교직원으로 채용되어 지금까지 행정조교로 근무하고 있다.

요즘, 대학이 각 지역에서 일정한 역할을 해야 한다고 해서 각 대학마다 전문영역을 시민사회에 개방하는 추세인데, 여기에 맞춰서 아내는 학생생활상담소에서 근무하고 있다.

지난 7~8년 동안 시민사회운동을 하면서 인천대공원 유료화 반대 투쟁이나 학교급식조례 개정운동, 판공비공개 요구운동, 구정지킴이 등 많은 성과를 일궜다. 하지만 한편에서는 세상을 바꾸기 위해 외부에서 비판만 할 것

이 아니라 안으로 들어가 대안을 찾고 직접 행정을 챙겨야 한다는 마음도 있었다. 그런 의지를 담아 민주노동당 남동구지구당을 창당하고 출마를 결심했을 때, 아내는 처음으로 나의 결심에 반대를 했다. 그것도 장장 한 달 동안이나.

나와 아내의 신념과 견해의 차이는 설득으로 해결될 문제가 아니었다. 나는 아무리 힘들고 어려워도 내 길을 가야 한다고 결론을 내렸다. 이런 나의 고집에 결국 아내는 포기하는 마음 반, 지원해주고픈 마음 반을 실어 나의 등을 밀어주었다.

몇 번씩 선거에 출마하는 것은 경제적으로도 적지않은 부담이 되는 일

이라 할 수 있다. 우리는 신혼 때부터 남동구의 한 아파트 단지 내에서 살고 있는데, 선거운동을 하면서 집을 팔고 옆동에서 전세를 살다가, 은행에서 융자를 받아 다시 집을 사는 것을 몇 차례나 반복했다.

최근 낙선을 하고 전세로 살고 있을 때, 집주인이 급매로 집을 내놓는 바람에 옆동으로 이사를 가게 되었다. 그런데 들어갈 집과 우리가 나가는 날이 맞지 않아 이사 계획이 '붕 뜨게' 되었다. 하는 수 없이 집주인이 급매로 내놓은 우리 집을 융자를 얻어서 샀다. 다행히 급매라서 시장가보다 싸게 살 수 있었다. 덕분에 지금 집 한 채를 갖고 근근이 살고 있다.

자식으로는 아들과 딸이 있다. 나는 집에서 아이들에게 개방적이다. 어찌 보면 '방임'에 가까울지도 모르겠다. 아이들이 크게 벗어나지 않는다면 세세하게 트집을 잡기보다는 스스로 할 수 있도록 믿어주는 편이다. 아들은 최근 군을 제대하였고 딸은 이번에 입시를 보았다. 모범생인 딸은 간호학과를 가고 싶어 했는데, 결과가 좋지 않아 마음이 짠하다.

그동안 많이 힘들었을 아내와 가족에게 미안함과 고마움을 전한다.

에필로그

함께 가는 길,
함께 가는 벗

나의 길에는
늘 꽃이 환하게 피어 있습니다.

사람 사는 공동체를 향한 꿈을
선택하고 걸어 온 지금까지
그 꽃들은 늘 향기를 주었고
길 걷는 기쁨을 안겨 주었습니다.

그 꽃은 함께 가는 벗이자,
나를 바라봐 주는 벗들입니다.

아름다운 지역공동체를
함께 꿈꾸며 걸어가는
수많은 벗들과
사랑하는 나의 가족,
응원해 주시는 구민들께
감사드립니다.

세상과 공감하며 이웃과 소통하는 사람, 배진교 / 장 건 한국지역재단협의회 이사장

지속가능한 주민중심의 공동체, 우리들의 꿈입니다 / 박원순 서울시장

우리의 삶을 바꾸는 지름길 / 이재명 성남시장

치열한 휴머니스트 배진교, 그의 열정을 믿습니다 / 이정미 정의당 대표

수도권 제일의 행복도시를 향한, 배진교의 열정을 응원합니다 / 노회찬 정의당 원내대표

좋은 향기가 사방으로 퍼져 모두를 기분 좋게 합니다 / 심상정 국회의원

추천사

추천사

세상과 공감하며
이웃과 소통하는 사람,
배진교

이 책은 인천 남동이행복한지역재단 배진교 이사장의 삶이 묻어나는 책입니다.

배진교 이사장과의 첫 인연은 2012년 희망제작소가 개최한 지역재단 워크숍에서입니다. 저는 성남에서 이로운재단이라는 지역재단을 준비하고 있었고, 배진교 이사장은 인천 남동구청장으로 재직하면서 지역공동체를 위한 남동이행복한지역재단을 구상하고 있었습니다.

장 건
(한국지역재단협의회 이사장)

젊고 진보적인 구청장이라 그런지, 그는 지역의 다양한 문제를 해결할 방편과 미래를 예측하는 선견지명을 갖고 '주민이 행복한 지역공동체'를 위하여

'기부와 나눔의 문화'를 생활화하는 풀뿌리 지역재단 설립을 주도하였습니다.

그는 정의롭고 풍요로운 공동체를 만들기 위하여 세상과 소통하며 가난한 이들의 아픔에 공감하는, 요즘 보기 드문 젊은 정치인이기도 합니다.

지방자치분권과 주민들의 삶의 질 개선은 지역사회의 큰 명제입니다.
자치단체를 이끈 행정가로서의 경험과 지역재단 활동을 통한 봉사와 나눔의 생활운동은 그의 정치생명에 있어 튼튼한 자양분으로 자리매김하였습니다.

새롭게 몸가짐과 마음가짐을 경장(更張)하며, 촛불시민혁명을 완성해 나가는 일꾼이 되고자 나서는 배진교 이사장에게 서광(瑞光)이 있으라!

추천사

지속가능한 주민중심의 공동체, 우리들의 꿈입니다

제가 희망제작소 상임이사로 있던 2010년, 배진교 전 구청장님을 뵈었던 기억이 아직 생생합니다. 실질적인 주민자치의 실현에 대해 진심으로 고민해 온 배진교 전 구청장님의 고민이 절실히 느껴졌습니다. 우리는 지속가능한 자치를 위해 주민중심의 콘텐츠를 발굴하자는 '희망만들기 프로젝트' 정책협약에 함께 사인했습니다.

박원순(서울시장)

배진교 전 구청장님은 2010년 구청장 당선 후 오랫동안 고민해 온 주민중심의 자치 실현을 위해 최선을 다해 오셨습니다. 주민참여예산, 동복지위원회 등 지방자치의 질적 발전을 위해 노력해 오셨고, 비정규직 공무원의 정규직화 및 일자리 창출·보육·보건·환경 분야 등에서 인천 지역의 지방자치를 선도해 오셨습니다. 지난 지방선거 후에도 행복한 지역공동체를 만들기 위해 교육청 개방형 감사관, 남동이행복한지역재단 이사장 등의 역할을 맡아 성실하게 수행해 오셨습니다. 배진교 전 구청장님의 오랜 노력과 그 속에 자리 잡고 있는 공동체 정신, 그리고 지역발전을 향한 가치와 철학이 이 책 한 권에 잘 담겨 있습니다.

이제 획기적인 분권형 지방자치의 시대가 다가오고 있습니다. 새로운 지방자치의 시대에 우리가 나아갈 미래를 확인하고 싶은 분들에게 《함께 가니 참 좋다》 일독을 권합니다.

추천사

우리의 삶을 바꾸는 지름길

사실 우리 삶을 바꾸는 가장 쉬운 길이자 확실한 방법은 지방자치를 올바로 세우는 것입니다. 정권교체가 모든 것을 해결해 주지는 못합니다. 중앙권력이 아무리 바뀌어도 지방권력이 부패하고 주민들의 삶을 바꾸는 데 관심이 없다면 아무것도 변하지 않습니다.

이재명(성남시장)

그래서 지방자치를 바로 세우는 것은 우리 삶을 바꾸기 위한 매우 중요한 과제입니다. 주민들이 직접 스스로의 문제를 해결하는 것, 우리가 낸 세금이 특정 소수가 아닌 주민들에게 골고루 돌아가도록 하는 것, 더불어 사는 공동체 정신을 회복하는 것 또한 지방자치가 바로 설 때 가능합니다.

배진교 전 구청장은 재임 기간 동안 주민참여예산제도, 동복지위원회 등 주민들이 참여하는 정책, 주민들을 위한 정책을 다양하게 시행했습니다. 일자리 창출과 공공의료의 역할을 끌어올리기 위한 노력도 빼놓을 수 없습니다.

이 책에는 삶의 과정에서 우러나온, 그가 지향하는 가치와 철학, 그리고 다양한 행정경험들이 녹아 있습니다. 읽고 나면 이런 생각이 저절로 떠오를 겁니다. '함께 가니 참 좋다'

추천사

치열한 휴머니스트 배진교, 그의 열정을 믿습니다

희망은 가능성의 크기가 아닌 열정의 크기라고들 이야기합니다. 그러나 열정이 밀어올린 삶이라고, 시련이나 고통이 없진 않을 것입니다.

배진교와 노동운동을 같이 하던 시절, 그는 프레스에 손가락이 잘리는 사고를 당한 일이 있습니다. 놀라고 가슴 아파 훌쩍이던 저를 그는 속 깊은 동생처럼 위로했습니다.

"당구 큐대 잡는 건 아무 문제없는 걸요."

배진교는 그런 사람이었습니다.

이정미(정의당 대표)

수도권 최초의 진보정당 구청장이 된 그는 남동의 많은 주민들과 공무원들로부터 아낌없는 사랑과 신뢰를 받았습니다. 그러나 그의 곱던 얼굴은

격무로 인해 꺼칠해져 갔지요. 그리고 2014년 지방선거에서 연임에 실패하는 아픔도 겪었습니다.

선거 직후 그에게 당 대변인을 해 보라고 권하자 "이젠 좀 쉬고 싶다."는 대답이 돌아왔습니다. 10년 동안 6번의 도전. 매번 넘어지고 쓰러져도 툭툭 털고 일어섰던 그이지만, 이번에는 많이 상심했구나 싶었습니다.

그러나 그의 쉼은 그리 오래가지 않았습니다. 그는 마치 바로 어제까지 구청장으로 일했던 사람처럼 다시 주민들 속으로 들어갔습니다. 시장에 그가 나타나면, "아이고, 우리 구청장 왔네!" 하며 상인들이 달려와 손잡아 주셨습니다. 배진교는 이런 사람입니다.

그의 열정은 간단한 이념으로 뭉뚱그릴 수 없습니다. 적어도 그는 제가 아는 가장 치열한 휴머니스트입니다.

그가 비관하지 않는 것은 사람에 대한 굳건한 믿음 때문입니다.

그런 믿음에서 길어 올린 것이기에, 배진교의 희망은 막연한 공상이 아닌 단단한 실체입니다.

그는 꼭 다시 '행복도시 남동구'를 위해 돌아올 것입니다.

그의 빛나는 도전이 아름다운 결실로 이어지도록 간절히 응원합니다.

추천사

수도권 제일의 행복도시를 향한, 배진교의 열정을 응원합니다

진보정치를 이끌어 갈 실력 있는 정치인 배진교를 응원합니다.

2018년 정의당이 새롭게 시대교체를 이끌어 나가는 정당으로서 국민 여러분께 소임을 다할 것을 약속드렸습니다. 과거에는 예수 탄생을 중심으로 기원전, 기원후로 나누며 B. C.(Before Christ) 이렇게 얘기했는데 이제는 좀 달라져야

노회찬(정의당 원내대표)

할 것 같습니다. '비포 캔들(Before Candle), 애프터 캔들(After Candle)'. 촛불 원년을 넘어 촛불 일 년을 맞이하는 2018년의 달라진 세상만큼 정의당이 변화를 선도해 나가겠습니다.

정의당의 변화, 그 중심에 주민들과 소통하며 주민들 곁을 지켜 온 배진교 전 남동구청장이 있습니다. 진보정치의 외길을 걸으며 민선 5기 남동구를 수도권 제일의 행복도시로 만들기 위해 진보행정을 펼쳐 온 배진교는 정의당의 차세대 리더라 자부합니다.

배진교를 만난 많은 사람들이 희망의 씨앗을 보았다고 이야기합니다. 이제 그 희망의 씨앗을 틔워 남동구에 희망의 열매가 열리는 날을 배진교가 만들 수 있다고 확신합니다.

배진교와 함께 가니 참 좋은 세상, 노회찬도 시민 여러분과 함께하겠습니다.

추천사

좋은 향기가 사방으로 퍼져 모두를 기분 좋게 합니다

수도권 최초의 진보정당 구청장이었던 배진교, 그의 삶과 구청장 시절 인연들에 대한 이야기를 담은 책입니다. 저는 이 책에서 진보정치의 신선한 향기를 맡습니다.

심상정(국회의원)

많은 정치인들이 소통을 이야기합니다. 그러나 중요한 것은 그 소통이 만들어낸 결과입니다. 배진교 전 남동구청장은 행정의 사각지대에 놓인 어려운 이웃들과 함께하기 위해 노력했습니다.

동마다 복지위원회를 만들어 구석구석 복지의 온기를 느낄 수 있도록 노력했습니다. 그래서 동복지위원회는 전국에서 주목받았고 수많은 자치단체에서 벤치마킹했습니다.

　배진교 전 남동구청장은 소통을 통해 많은 변화를 만들었고 지방자치의 수준을 높였습니다. 구청장의 훌륭한 리더십은 구민들의 삶에 기쁨과 변화를 만들 수 있습니다. 그래서 배진교 전 남동구청장은 우리의 자랑이고 희망입니다.

　배진교 전 남동구청장의 길을 응원합니다.